THÈSE
POUR LE DOCTORAT

PAR

JULES HARDY,

AVOCAT A LA COUR IMPÉRIALE.

DE

L'ACTION PAULIENNE EN DROIT ROMAIN
ET DE L'ARTICLE 1167 DU CODE NAPOLÉON

PARIS

IMPRIMERIE DE E. DONNAUD,

RUE CASSETTE, 9.

1865

FACULTÉ DE DROIT DE PARIS

THÈSE

POUR

LE DOCTORAT

L'ACTE PUBLIC SUR LES MATIÈRES CI-APRÈS SERA SOUTENU

Le mercredi 8 février à 2 heures.

EN PRÉSENCE DE M. L'INSPECTEUR GÉNÉRAL GIRAUD,

PAR

JULES HARDY

né à Tonnerre (Yonne),

Avocat à la Cour Impériale.

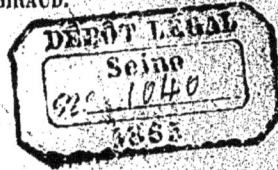

DE L'ACTION PAULIENNE EN DROIT ROMAIN

ET DE L'ARTICLE 1167 DU CODE NAPOLÉON

PRÉSIDENT : **M. VUATRIN,**

SUFFRAGANTS
{
MM. Bugnet,
DEMANGEAT,
COLMET-D'AAGE,
GIDE.
}
Professeurs.

agrégé.

Le candidat répondra en outre aux questions qui lui seront adressées
sur les autres matières de l'enseignement.

PARIS

IMPRIMERIE DE E. DONNAUD

RUE CASSETTE, 9.

1865

36215

A MON PÈRE

DROIT ROMAIN.

DE L'ACTION PAULIENNE.

Lorsqu'un débiteur ne remplit pas ses engagements, son créancier cherche à le contraindre. Tous les législateurs ont pris soin de régler ces poursuites en exécution forcée.

La loi des Douze Tables nous montre la personne même du débiteur répondant de l'exécution de ses promesses. Trente jours après l'aveu de sa dette ou sa condamnation, le débiteur insolvable est, avec la permission du magistrat, saisi, enchaîné et incarcéré par son créancier. Pendant les soixante jours qui suivent, le créancier conduit trois fois son débiteur sur le marché public et proclame le montant de sa créance. Si personne ne se présente pour l'acquitter, l'esclavage du débiteur est définitif; et comme la république a pour la foi promise un culte sacré, elle ne souffre plus dans son sein celui qui l'a violée. Le créancier devra le vendre au delà du Tibre, s'il ne veut pas le mettre à mort (Aulu-Gelle, *Noctes Atticæ*, XX, ch. 1)

— Quintilien, *Inst. Orat. III*, 6. — Tertullien, *Apol.*, ch. 4). Point de distinction entre la bonne et la mauvaise foi, l'infortune est punie aussi sévèrement que la fraude.

Mais la fraude est-elle possible ? comment la supposer en présence de ces répressions barbares? N'est-il pas certain que le débiteur, avant de les encourir, livrera tous ses biens à son créancier, épuisera tout son crédit en sa faveur ?

Cette voie rigoureuse d'exécution sur la personne entraîne donc ou suppose l'abandon de tous ses biens par le débiteur. Il n'est pas à craindre qu'il ait diminué son patrimoine par des libéralités au préjudice et en fraude de ses créanciers.

Les préteurs usant de leur pouvoir législatif apportèrent au droit civil en cette matière, comme en tant d'autres, les tempéraments que réclamait l'équité. L'exécution sur la personne fut couservée, mais elle reçut de notables adoucissements dans la pratique; et les préteurs introduisirent et favorisèrent un mode d'exécution sur les biens : la *missio in possessionem*. Ce mode nouveau, s'il n'absorba pas complétement le premier, tendit à en rendre les applications plus rares de jour en jour.

La *missio in possessionem* remplace la *manus injectio* en lui empruntant sa forme et ses délais. « *Secabatur » corpus in partes*, nous dit Cujas, *secantur tantum » bona et fama debitoris ex edicto.* »Après l'ancien délai de trente jours, le préteur envoie les créanciers en possession. Pendant les soixante jours qui suivent, les créanciers se réunissent, nomment un syndic, dressent la liste des biens du débiteur, puis font afficher les conditions de la vente. La masse des biens est adjugée à celui qui offre de payer aux créanciers le plus fort dividende. L'acquéreur est considéré comme le successeur universel du débiteur. Ce régime d'exécution sur les biens reçut diverses modifications. Sous Dioclétien notamment, la vente en masse des biens du débiteur fut remplacée par la vente en détail. Mais nous n'avons pas à insister sur tous ces points qui nous éloigneraient de notre sujet.

Dès que l'exécution sur la personne fut remplacée par l'exécution sur les biens, les débiteurs, qui n'avaient plus à redouter les rigueurs de la *manus injectio*, ne craignirent plus de porter atteinte aux droits de leurs créanciers en diminuant leur patrimoine par des actes préjudiciables et frauduleux. Le préteur ne laissa pas son œuvre inachevée, il protégea les créanciers contre les fraudes de leurs débiteurs ; et la loi vint elle-même, comme nous le verrons, compléter sur un point ses efforts. Nous trouvons, en effet, en droit romain, quatre institutions destinées à réprimer la fraude des débiteurs. Ce sont dans l'ordre historique :

1° L'interdit fraudatoire dont nous ne connaissons que le texte (loi 10, pr. D. liv. 42, tit. 8).

2° L'action Paulienne *in personam*, dont nous lisons le texte au Digeste (Loi 1, pr. *Quæ in fraudem creditorum facta sunt*, liv. 42, tit. 8).

3° La loi *Ælia Sentia* (Inst. liv. 1, tit. VI, pr.).

4° L'action Paulienne *in rem* (Inst. liv. 4, tit. VI, § 6).

Nous avons dit que tel était l'ordre historique de ces quatre institutions. Beaucoup d'auteurs, cependant sont d'un avis contraire au nôtre. Nous devons donc indiquer les raisons qui nous déterminent.

Nous plaçons l'interdit avant l'action, parce que tel fut en général l'ordre suivi par le préteur dans ses institutions. Avant d'inscrire dans son édit une action nouvelle, il délivrait des interdits. Avant de régler une question en général et de donner, une fois pour toutes, une décision pour tous les cas semblables, il réglait la question entre les parties intéressées, « *inter duos dicebat* »; puis, quand les mêmes nécessités fréquemment renouvelées ramenaient pour lui l'obligation de délivrer le même interdit, il introduisait dans son édit une action *in factum* qui pouvait remplacer l'interdit. Nous trouvons en droit romain plusieurs exemples d'une action et d'un interdit concourant au même but. Quelqu'un est-il empêché de faire une inhumation, il peut employer un interdit (Loi 1, pr., D. liv. XI, tit. 8)ou une action *in factum* (L. 9, D. liv. XI, tit. 7). Paul, dans ses Sentences, nous cite un autre exemple de ce concours : « *ut interdictum*, dit-il, » *ita et actio proponitur, ne quis via publica aliquem* » *prohibeat.* » (Liv. 5, tit. 6, § 2.)Telle n'est pas l'opinion de la plupart des commentateurs. Ils constatent que l'interdit fraudatoire et l'action Paulienne existaient en même temps; et ils se demandent dans quels cas chacune de ces deux institutions s'appliquait.

Pour triompher au moyen de l'interdit fraudatoire, il suffisait, dit Cujas, de démontrer que le *fraudator* avait la possession des objets frauduleusement aliénés. L'action Paulienne, au contraire, aurait été plus exigeante ; son succès eût dépendu de la preuve d'un droit de propriété chez le débiteur. Cujas établit cette différence dans son commentaire (*in lib.* 49 D.) « *Interdic-* » *tum fraudatorium revocat possessionem, Pauliana* » *actio revocat dominium.* » D'autres auteurs pensent que l'interdit était donné aux créanciers pour rentrer dans la possession abdiquée par leur débiteur. On a dit encore que l'interdit s'appliquait aux choses corporelles et l'action aux choses incorporelles. Cette idée n'est pas heureuse ; la loi 96 *de Solutionibus* (D. liv. 46, tit. 3.) applique précisément l'interdit fraudatoire à l'aliénation d'une créance. Enfin on a proposé de dire que l'interdit était obtenu par un créancier agissant isolément et l'action par le curateur agissant au nom de la masse des créanciers. On ne voit pas sur quoi se serait fondée cette distinction, elle est repoussée par le texte même de l'édit qui accorde l'action Paulienne non-seulement au curateur, mais *ei cui de ea re actionem dare oportebit*, et ce ne peut être que le créancier individuel.

L'action Paulienne précéda certainement la loi *Ælia Sentia* ; en effet, elle est déjà indiquée en ces termes par Cicéron dans sa première lettre à Atticus. « *Cæcilius avunculus tuus, quum magna pecunia frau-* » *daretur, agere cæpit cum ejus fratre Caninio Satrio de* » *iis rebus quas cum dolo malo mancipio accepisse de* » *Vario diceret.* »

La loi *Ælia Sentia* fut portée sous le règne d'Auguste. Nous en avons pour preuve : les fastes consulaires qui présentent comme consuls en 757 Ælius Cato et C. Sentius Saturninus et Suétone dans le chapitre 40 de sa vie d'Auguste.

L'action *Pauliana in rem* indiquée seulement au § 6, titre VI, liv. 4, des Institutes et dont nous trouvons à peine trace au Digeste, a été, selon nous, introduite en dernier lieu pour éviter aux créanciers fraudés l'inconvénient qui résultait pour eux de l'insolvabilité du tiers complice de la fraude, lorsqu'ils devaient concourir avec ses créanciers personnels. Cette dernière idée n'est pas reçue par tous les auteurs. L'indication et la discussion de leurs différents système trouvera mieux sa place dans le paragraphe suivant où nous traitons de la nature de l'action Paulienne.

§ 1.

De la nature de l'action Paulienne.

L'action Paulienne est-elle une action personnelle, c'est-à-dire une action fondée sur un rapport obligatoire, ou une action réelle destinée à faire constater chez celui qui l'intente un droit réel ?

Tous les textes du Digeste nous présentent l'action Paulienne comme une action personnelle accordée au créancier pour attaquer les actes par lesquels son débiteur a diminué son patrimoine. Cette action prend sa source, soit dans la fraude du tiers contractant, soit dans le principe que nul ne doit s'enrichir injustement aux dépens d'autrui.

Les Institutes, dans le § 6 du titre *de Actionibus*, nous présentent au contraire l'action Paulienne comme une action réelle. «*Si quis*, dit ce texte, *in fraudem creditorum rem suam alicui tradiderit, bonis ejus a creditoribus ex sentential præsidis possessis, permittitur ipsis creditoribus rescissa traditione eam rem petere, id est dicere eam rem traditam non esse et ob id in bonis debitoris mansisse.*

Comment expliquer l'existence de ces deux actions? dans quel ordre historique se sont-elles produites ?

quelles applications recevaient-elles ? Autant de questions sur lesquelles s'est exercée la science des commentateurs.

Vinnius, dans son commentaire des Institutes, dit que l'action dont parle le § 6 du titre *de Actionibus* n'est autre que l'action Paulienne *in personam*. C'est, pense-t-il, par suite de l'analogie que présente la fiction du § 6 avec les fictions des actions indiquées aux paragraphes précédents, que les rédacteurs des Institutes ont placé l'action Paulienne parmi les actions *in rem*. Cette explication peut séduire par sa simplicité, mais il est impossible d'admettre que Tribonien ait été entraîné à faire le rapprochement qu'on lui prête.

Doneau et Voet (*ad Pandectas*, liv. 42, tit. 8) pensent que le § 6 ne s'occupe pas de l'action Paulienne. En effet, disent-ils, l'action Paulienne se donne contre toute espèce d'actes et contre des personnes déterminées, tandis que l'action du § 6 ne s'applique qu'aux aliénations et atteint tous les détenteurs de la chose aliénée. Notre § 6 aurait alors en vue une action particulière donnée aux créanciers pour garantir le droit de gage, *pignus prætorium*, que leur a conféré l'envoi en possession. Cette action ne serait donnée que lorsque l'aliénation faite par le débiteur aurait suivi l'envoi en possession. Mais le § 6 ne suppose pas, tel qu'il est ponctué, que l'aliénation frauduleuse ait eu lieu après l'envoi en possession. Il ne serait pas nécessaire d'ailleurs dans cette hypothèse que l'aliénation fût frauduleuse pour que l'on pût la révoquer. Le débiteur, dessaisi de l'administration de ses biens par l'envoi en possession, ne peut en aucune façon porter atteinte au droit de gage prétorien conféré à ses créanciers.

D'autres auteurs, dans leurs commentaires, ont admis l'existence en droit romain d'une action Paulienne réelle, fictive et rescisoire et d'une action Paulienne personnelle. La première, n'ayant trait qu'aux aliénations frauduleuses, était donnée contre tout détenteur ; la seconde introduite plus tard pour combler les lacunes de la première et donner satisfaction à l'équité en atteignant tous les actes frauduleux et en respectant les droits des tiers de bonne foi. On peut objecter à ce système que si l'action Paulienne personnelle a modifié l'action réelle dans le sens de la justice et de l'équité, elle a dû rendre très-rare, sinon supprimer complètement, les applications de l'action Paulienne réelle ; on peut donc à bon droit s'étonner de ne pas la voir mentionnée dans les Institutes.

Nous pensons, nous aussi, qu'il existait en droit romain deux actions Pauliennes, l'une personnelle, l'autre réelle ; la première ayant précédé la seconde. L'action Paulienne personnelle présentait, nous l'avons dit, un grave inconvénient, lorsque le tiers contre lequel elle était dirigée se trouvait insolvable. Les créanciers fraudés devaient admettre alors à concourir avec eux, les créanciers personnels du tiers attaqué. Pour éviter cet inconvénient on décida que l'acte frauduleux ou préjudiciable serait d'abord anéanti et que les créanciers fraudés pourraient agir sur les objets aliénés comme s'ils n'étaient pas sortis du patrimoine

de leur débiteur. Nous trouvons dans le droit romain
des exemples de décisions analogues. La partie lésée
par suite d'une violence peut exercer à son choix l'action *Quod metus causa* pour se faire payer le quadru-
ple de la valeur aliénée, ou revendiquer la chose elle-
même par une action fondée sur la fiction qu'il n'y a
pas eu aliénation.

§ II.

Quelles conditions sont exigées pour l'exercice de l'action Paulienne.

Deux conditions sont toujours exigées pour que des créanciers puissent obtenir par l'action Paulienne la révocation d'un acte fait par leur débiteur. Il faut : 1° que cet acte soit préjudiciable ; 2° qu'il y ait fraude de la part du débiteur : *Quæ fraudationis causa gesta erunt*, dit l'édit.

Le préjudice sera établi lorsque les créanciers auront constaté par une vente, après envoi en possession, l'insuffisance des biens de leur débiteur à les satisfaire : (Loi 10, § 1, liv. 42, tit. 8.)

Les créanciers pourront user de tous les genres de preuves pour établir la fraude. Mais en quoi consiste cette fraude ? Le *consilium fraudis* existe lorsque le débiteur a connaissance du préjudice qu'il cause. Il n'est pas nécessaire qu'il ait la volonté de nuire à ses créanciers. (Loi 15, n. t.) Le débiteur ne sera pas présumé de mauvaise foi. « *Sæpe enim de facultatibus suis* » *amplius quam in his est sperant homines.* » (Inst. I, 6, § 3.)

Contre certains actes, cependant, il ne sera pas nécessaire de prouver la fraude, si le débiteur a fait, par exemple, donation de tous ses biens. « *Quamvis non*

» *proponatur consilium fraudandi habuisse; tamen qui*
» *creditores habere se scit et universa bona sua aliena-*
» *vit, intelligendus est fraudandorum creditorum con-*
» *silium habuisse.* »

Le tiers qui aura traité avec le débiteur sans tenir
compte des conseils ou des oppositions des créanciers
ne pourra, non plus, alléguer sa bonne foi pour se
soustraire à l'atteinte de l'action Paulienne. « *Non enim*
» *caret fraude qui conventus testato perseverat.* » (Loi
10, § 3, n. t.)

A l'inverse, le tiers ne pourra être inquiété s'il a
contracté du consentement des créanciers. « *Nemo*
» *enim videtur fraudare eos qui sciunt et consentiunt.* »
(Loi 6, § 9, n. t.)

La fraude doit exister chez le débiteur, mais est-elle
exigée chez le tiers poursuivi? « *Quæ fraudationis cau-*
» *sa gesta erunt, cum eo qui fraudem non ignoraverit,* »
dit l'édit. Il semblerait résulter de ces expressions que
la complicité du tiers est toujours exigée. Il n'en est
rien cependant, et il faut distinguer si l'acte est à
titre onéreux ou à titre gratuit. La complicité exigée
dans le premier cas ne l'est pas dans le second.

Si l'acte est à titre onéreux, les tiers qui ont contracté de bonne foi avec le débiteur ne peuvent être
poursuivis; ils luttent de *damno vitando* et ils sont
plus excusables que les créanciers qui ont accordé
leur confiance à un pareil débiteur. (Ulpien, loi 1,
§ 5, liv. 42, tit. 6.)

Si le tiers est de mauvaise foi, il peut être poursuivi aux termes de l'édit.

L'acte est-il, au contraire, à titre gratuit, des poursuites pourront être dirigées contre le tiers contractant, sans que l'on ait à se demander s'il était ou non complice de la fraude : « *Simili modo dicimus et si* » *cui donatum est, non esse quærendum an sciente eo,* » *cui donatum, gestum sit : sed hoc tantum, an frau-* » *dentur creditores; nec videtur injuria affici is qui* » *ignoravit, cum lucrum extorqueatur, non damnum* » *infligatur.* » (Ulp., loi 6, § 1, n. t.)

Nous verrons, en traitant des effets de l'action Paulienne, qu'il importe de distinguer, même dans le cas d'un acte à titre gratuit, si l'acquéreur est de bonne ou de mauvaise foi.

A l'occasion de cette distinction des actes en actes à titre gratuit et en actes à titre onéreux, une question intéressante s'élève sur le caractère de la constitution de dot. Les jurisconsultes font une distinction. Ils voient dans la dot un acte à titre gratuit à l'égard de la femme et un acte à titre onéreux à l'égard du mari. Il semble, d'après les expressions de la loi 25, § 1, n. t., que la question avait fait doute. Depuis que les lois *Julia* et *Pappia Poppœa* avaient imposé au père et à l'aïeul l'obligation de doter leurs filles et que des constitutions impériales avaient étendu cette obligation à la mère, quelques jurisconsultes avaient peut-être tenté de faire considérer la constitution de dot comme un acte à titre onéreux. Leur opinion n'avait pas prévalu.

Il était quelquefois assez difficile de distinguer si un acte était à titre onéreux ou à titre gratuit, pour savoir

s'il fallait ou non exiger la preuve de la complicité du tiers poursuivi par l'action Paulienne. Nous voyons une solution intéressante à ce point de vue dans la loi 25, pr. n. t. — Vénuleius suppose qu'un créancier a fait *acceptilatio* à son débiteur en fraude de ses propres créanciers. Le débiteur pourra être poursuivi, mais que décider si l'*acceptilatio* a été faite à un fidéjussor ? S'il est de mauvaise foi, il sera poursuivi ; s'il est de bonne foi, on ne donnera pas d'action contre lui ; il échappe au danger de perdre, plutôt qu'il ne réalise un bénéfice.

§ III.

A quels actes s'applique l'action Paulienne.

Les termes de l'édit sont généraux et, sauf les exceptions que nous indiquerons, tous les actes peuvent être attaqués par l'action Paulienne. Ulpien, dans la loi 1, § 2, n. t., paraphrase les expressions de l'édit : « *Quæ fraudationis causa gesta erunt : hæc verba* » *generalia sunt, et continent in se omnem omnino in* « *fraudem factam... »*

Les aliénations, les actes générateurs d'obligations, les donations tombent sous l'application de l'action Paulienne. Il en est de même si le débiteur a laissé frauduleusement prescrire une créance, s'il a rendu un gage qui lui avait été donné, s'il a perdu *non utendo* un usufruit ou une servitude, s'il a fait une *acceptilatio* sans recevoir son payement, s'il a payé une dette non encore échue, s'il s'est laissé condamner par collusion. (Lois 1, § 2; — 3, § 1; — 10, § 12, n. t.)

Après avoir exposé d'une manière générale à quels actes s'applique l'action Paulienne, nous devons indiquer les exceptions. La première et la plus importante de toutes, c'est que l'édit ne permet pas d'attaquer les actes par lesquels le débiteur néglige d'acquérir. « *Non fraudantur creditores cum quid non*

» *adquiritur a debitore; sed cum quid de bonis demi-*
» *nuitur.* » (Ulpien, loi 134, pr. liv. 50, tit. 17. D.)
« *Pertinet edictum,* dit le même Ulpien, loi 6, pr. n.
» t., *ad deminuentes patrimonium suum, non ad eos qui*
» *id agunt, ne locupletentur.* » Dans le § 1 de la même
loi, nous trouvons une application de ce principe. Les
créanciers n'ont aucun recours quand leur débiteur, en
négligeant d'accomplir une condition, a perdu le bénéfice d'une stipulation.

Cette idée, que les créanciers ne peuvent attaquer
que les actes par lesquels leur débiteur diminue son
patrimoine, était juste en principe. Les jurisconsultes
romains, si judicieux d'ordinaire, l'appliquèrent très-
mal à propos. Paul qui, dans la loi 15, *de Regulis
juris*, dit avec tant de raison : « *Is qui actionem habet
ad rem recuperandam ipsam rem habere videtur*, écrit
cependant dans la loi 28. D. *de Verb. signif.* : « *Qui*
» *occasione acquirendi non utitur, non intelligitur*
» *alienare; veluti qui hereditatem omittit, aut optionem*
» *intra certum tempus datam non amplectitur.*

Les jurisconsultes romains en vinrent à considérer
comme une simple négligence d'acquérir soustraite à
la critique des créanciers, non-seulement le refus
d'adition fait par un héritier externe appelé à une
succession, mais aussi l'abstention d'un héritier sien
et nécessaire (loi 6, § 2, n. t.). Ils développèrent cette
idée et la loi 6 n. t. nous en présente des applications
remarquables. Le père de famille qui peut renoncer à
une succession peut émanciper son fils dans le but de
lui permettre d'acquérir, pour son propre compte,

une hérédité (loi 6, § 3). Un maître aliène son esclave institué héritier afin qu'il fasse adition par l'ordre de l'acheteur. Si la vente n'est pas entachée de fraude, l'action Paulienne ne sera pas donnée, car le maître pouvait répudier l'hérédité (loi 6, § 5). De même un débiteur peut librement répudier un legs qui lui est fait. (Loi 6, § 4, n. t.)

Les créanciers ne peuvent attaquer l'abandon, fait par leur débiteur, des quartes qu'il avait le droit de retenir en sa qualité d'héritier dans les legs ou les fidéicommis. Cet abandon est considéré comme un acte de bonne foi. (Loi 20 n. t.) Les créanciers d'ailleurs n'ont pas à se plaindre ; le droit accordé à l'héritier par la loi Falcidie ou le SC. Pégasien de retenir une portion de l'hérédité grevée de legs ou de fidéicommis n'a pas été créé dans leur intérêt, mais dans l'intérêt des légataires ou des fidéicommissaires, afin d'engager les héritiers à accepter.

Un débiteur peut frauder ses créanciers non-seulement en renonçant à une succession opulente, mais aussi en acceptant une succession obérée. Il semblerait que les principes généraux devraient ici reprendre leur empire, et que les créanciers pourraient critiquer cette acceptation. Mais le droit romain était trop favorable aux aditions d'hérédité pour accorder d'une façon absolue ce recours aux créanciers. Le préteur se réservait néanmoins le droit de leur porter secours dans des cas exceptionnels. (Ulpien, loi 1, § 5, liv. 42, tit. 6.)

Les payements sont des actes, et à ce titre ils peuvent rentrer dans les termes de l'édit; examinons donc quel sera leur sort.

Il est incontestable qu'après l'envoi en possession, le débiteur ne peut payer un de ses créanciers au préjudice des autres. Après cet envoi, les créanciers sont tous placés par la loi sur la même ligne; le créancier qui recevrait alors son payement devrait rendre aux autres une partie de ce qu'il aurait reçu. Julien et Ulpien le disent nettement dans la loi 6, § 7, et dans la loi 10, § 16, n. t.

Si le payement avait été reçu avant l'envoi en possession, et si la dette était échue au moment du payement, nous croyons que le créancier était à l'abri de toute poursuite de la part des autres créanciers; où trouverait-on, en effet, dans l'acte du créancier qui reçoit ce qui lui est dû, le caractère frauduleux indispensable pour le succès de l'action Paulienne? *Nihil dolo creditor facit qui suum recipit*, nous dit la loi 129 *de Regulis juris*. Ulpien et Labéon, dans la loi 6, § 6, expriment la même idée : *Qui suum recipit*, disent-ils, *nullam videtur fraudem facere;* et ils ajoutent, dans le § 7, que le créancier qui connaissait l'insolvabilité du débiteur et qui a néanmoins reçu son payement ne peut être inquiété, *sibi enim vigilavit.*

Cette théorie si simple rencontre cependant des adversaires. Cujas assimile à un acquéreur à titre onéreux le créancier qui reçoit le payement d'une dette échue, et il donne contre lui l'action Paulienne s'il est complice de la fraude. Cujas appuie son système sur la loi 96 *de Solutionibus*, liv. 46, tit. 3. Nous y lisons que le débiteur d'un pupille est libéré s'il a, sur la délégation du tuteur, payé sans mauvaise foi un créancier de ce tuteur. Mais le texte ajoute que l'interdit fraudatoire sera donné au pupille contre le créancier, s'il a reçu son payement de mauvaise foi. Remarquons que ce créancier n'a pas été payé avec les deniers de son débiteur, et cette décision ne nous paraîtra plus contraire aux textes que nous avons cités, ni suffisante pour établir le système de Cujas. On invoque bien à tort en faveur de cette théorie la loi 25, § 1, n. t. L'action, dit Vénuleius, n'est pas donnée contre le mari de bonne foi, pas plus que contre le créancier qui a reçu ce qui lui est dû; Vénuleius, on le voit, assimile le créancier qui a reçu son payement au mari de bonne foi, sans distinction.

D'autres auteurs ont soutenu que le payement d'une dette échue pouvait constituer au profit du créancier payé un avantage dont il devait rendre compte. Cette idée, acceptable peut être en législation et dans certaines limites, n'était certainement pas connue des Romains. On voudrait la trouver dans les lois 24 n. t. — 44, liv. 29, tit. 2. — 6, § 2, liv. 42, tit. 5, mais c'est un effort inutile. Ces lois prévoient seulement l'hypothèse d'un pupille héritier sien qui s'abstient après que son tuteur a payé quelques-uns des créanciers du *de cujus*, et elles décident que le créancier pourra être contraint de rapporter aux autres créanciers une partie de ce qu'il a reçu s'il a été payé *per gratificationem*. C'est là la conséquence du principe que les actes faits par le pupille avant son abstention sont annulés s'ils ont été faits de mauvaise foi. « *Si pupillus antequam abstinuerit, aliquid ges-serit servandum est : utique si bona fide gessit.* »

Remarquons que tous les textes que nous avons cités ne font pas mention de la mauvaise foi du créancier qui reçoit son payement; il faudrait dès lors être plus sévère pour lui que pour les autres acquéreurs à titre onéreux, tandis que sa position est préférable à la leur de l'aveu de tous les textes.

Nous pensons donc que le payement d'une dette échue fait à l'un des créanciers avant l'envoi en possession était inattaquable. Il n'en était pas de même d'une constitution de gage affectée à la garantie d'une dette antérieure. (Loi 10, § 13, loi 22, n. t.) On comprend cette décision si on remarque que le payement n'est que l'exécution d'une précédente obligation, tandis que la constitution de gage fait intervenir entre les parties un nouveau contrat qui peut être frauduleux. Par la même raison, il faudrait décider qu'une *datio in solutum* pourrait être attaquée.

§ IV.

A quelles personnes appartient l'action Paulienne.

L'action Paulienne appartient aux créanciers fraudés. Elle n'est donnée, en principe, qu'aux créanciers antérieurs à l'acte frauduleux. (Loi 15 n. t.) On fait exception à cette règle dans le cas où les créanciers antérieurs ont été désintéressés avec les deniers des créanciers postérieurs : « *Nisi priores pecunia posteriorum dimissi probentur.* » (Loi 16 n. t.) Il va sans dire que le débiteur ne peut profiter de sa propre fraude ; l'action Paulienne ne peut lui être donnée sous aucun prétexte.

Ceux qui avaient le droit d'intenter l'action Paulienne le transmettent à leurs héritiers et autres successeurs. (Loi 10, § 25, n. t.) Scævola nous en donne un exemple remarquable dans la loi 21 n. t. Un débiteur, nous dit-il, transige avec son voisin, en fraude de son créancier, sur les limites du champ qu'il lui avait donné en gage ; le tiers qui a acheté du créancier pourra intenter l'action *de finibus.*

Lorsque la fraude n'a pas existé vis-à-vis de tous les créanciers, et que les tiers ont désintéressé les créanciers fraudés, l'action Paulienne manque de base et les autres créanciers lésés se trouvent désarmés, à moins, nous dit Ulpien (loi 10, § 8, n. t.), que le payement n'ait été fait pour échapper à l'action.

§ V.

Contre quelles personnes est donnée l'action Paulienne.

L'action Paulienne est donnée contre le tiers qui a traité avec le débiteur dans tous les cas si l'acte est à titre gratuit, et si l'acte est à titre onéreux dans le cas où le tiers a été complice de la fraude. Il n'est pas nécessaire que le tiers contractant ait conservé la chose (loi 25, § 1.), ni même qu'il en ait tiré aucun profit (loi 25, §§ 2 et 3.)

L'action Paulienne est donnée contre les héritiers de ceux qui étaient tenus. « *Hæc actio… in heredes similesque personas datur.* » (Loi 10, § 25, n. 1.) Cassius, dans la loi 11, ne donne cette action contre les héritiers que jusqu'à concurrence du profit qu'ils ont recueilli. Elle avait, en effet, quelque chose de pénal, et les actions pénales ne sont données contre les héritiers que pour leur enlever un grain injuste. (Loi 38, D. liv. 50, tit. 17.) L'héritier du tiers contractant serait néanmoins poursuivi pour le tout s'il y avait eu *litis contestatio* avec son auteur. (Instit., liv. 4, tit. 12, § 1.)

Si un fils de famille ou un esclave contracte frauduleusement avec un débiteur, le père ou le maître sera poursuivi *duntaxat de peculio vel si quid in rem ejus versum est*, dans le cas où il n'a point connu la fraude. S'il l'avait connue, il serait poursuivi pour le tout. (Loi 6, § 12.)

Lorsqu'il était impossible de soupçonner chez le tiers contractant une complicité frauduleuse parce que la faiblesse de son discernement ne permettait pas de croire qu'il eût apprécié la fraude; lorsque, par exemple, le tiers contractant était un pupille, les créanciers pouvaient attaquer l'acte frauduleux et le faire révoquer sans avoir à prouver la complicité du pupille. En effet, disent Ulpien et Labéon (loi 6, § 10, n. t.), « *pupilli ignorantia quæ per ætatem contingit non* » *debet esse captiosa creditoribus et ipsi lucrosa.* » Si le tuteur du pupille est de mauvaise foi, le pupille ne sera poursuivi que jusqu'à concurrence du profit qu'il a reçu et non au delà; pour le reste, les créanciers poursuivront le tuteur. (Lois 10, § 5, et 25, § 3, n. t.)

Aux termes mêmes de l'édit, l'action pourrait être donnée contre le débiteur *fraudator* lui-même : « *Idque etiam adversus ipsum qui fraudem fecit servabo,* » disait le préteur. Vénuleius avait accepté sans discussion cette décision. Mais Mela n'était pas de son avis. (Loi 25, § 7, n. t.) Il était de principe, en effet, qu'à près la *venditio bonorum* le débiteur ne pouvait être poursuivi pour ses dettes antérieures. Mais si le débiteur avait dissipé de mauvaise foi quelques-uns de ses biens sans qu'il fût possible à ses créanciers de les recouvrer, le magistrat leur donnait contre lui une action à titre de peine. (Loi 25, § 7, n. t.)

Le droit romain admettait à l'égard des sous-acqué-

reurs les mêmes distinctions qu'à l'égard des acquéreurs originaires. (Loi 9 n. t.) C'était l'avis de Sabinus
et il avait prévalu. Certains jurisconsultes auraient
voulu que le sous-acquéreur fût poursuivi quand son
auteur eût pu l'être; mais la nature de l'action Paulienne repoussait cette idée.

§ VI.

Des effets de l'action Paulienne.

L'action Paulienne rétablit les choses dans leur état primitif. (Loi 10, § 6.)

Avant d'examiner les différentes hypothèses qui peuvent se présenter, indiquons deux principes très-importants qui dominent notre sujet. Si le tiers poursuivi par l'action Paulienne est de bonne foi, l'action ne sera donnée contre lui que dans la limite du gain qu'il a fait. (Loi 6, § 11, n. t.) S'il est de mauvaise foi, il devra complétement indemniser les créanciers sans que l'on ait à rechercher s'il a tiré du profit de l'acte frauduleux. (Loi 10, § 22, n. t.)

Libérations. — Si le débiteur a libéré frauduleuse-ment un de ses débiteurs, l'obligation de ce dernier renaîtra. « *Omnes debitores qui in fraudem creditorum li-* » *berantur per hanc actionem revocantur in pristinam* » *obligationem.* » (Loi 17, pr.; loi 10, § 14, n. t.) Renaîtra avec ses modalités conditionnelles ou à terme si elle était affectée d'une condition ou d'un terme. (Loi 10, § 23, n. t.) — Si elle était productive d'in-térêts, soit par sa nature, soit par suite d'une sti-pulation, les créanciers pouvaient se faire tenir compte des intérêts échus depuis la libération.

Obligations. — Le débiteur s'est-il obligé envers un tiers en fraude de ses créanciers, le tiers doit le libérer. Les préteurs avaient d'ailleurs prévu ce cas et décidé qu'ils ne donneraient pas d'action au tiers contractant. (Loi 25, liv. 42, tit. 5. D.)

Aliénations. — La chose aliénée frauduleusement doit être restituée avec tous ses accessoires. (Loi 10, § 19, n. t.) Parmi les accessoires se trouvent les fruits. Dans quels cas, sous quelles conditions, dans quelle proportion les fruits doivent-ils être restitués ? — Nous savons qu'en règle générale le posesseur de mauvaise foi devait compte non-seulement des fruits qu'il avait perçus, mais encore de ceux qu'il avait négligé de percevoir, tandis que le possesseur de bonne foi devenait propriétaire des fruits par la perception (Loi 48 *de Adq. rer. dom.*), ou, depuis Dioclétien (Loi 22, Code liv. 3, tit. 32.), par la consommation qu'il en avait pu faire. Ajoutons qu'à partir de la *litis contestatio*, tous les fruits perçus devaient être rendus même par le possesseur de bonne foi qui ne pouvait plus se considérer que comme dépositaire de la chose. Enfin, bien que cela eût fait doute, le part de l'esclave n'était pas un fruit et le possesseur de bonne foi devait le rendre comme l'usufruitier (Loi, 27, pr. liv. 5, tit. 3, D.)

Les jurisconsultes n'étaient pas d'accord pour appliquer ces principes au défendeur à l'action Paulienne. — Vénuleius le soumet à des règles particulières qu'il a tracées dans la loi 25 de notre titre. Le défendeur à l'action Paulienne doit restituer les fruits pendants au moment de l'aliénation, car ils faisaient partie du fonds (loi 25, § 54 et 5) et les fruits perçus depuis la *litis contestatio*. Les fruits perçus entre les deux époques, n'ont jamais appartenu au débiteur ; on ne peut pas dire qu'il les ait aliénés en fraude de ses créanciers, le débiteur pourra donc les conserver. (Loi 25, §4.) Il en sera de même du part de l'esclave. Proculus toutefois faisait observer que le part devrait être rendu si la conception était antérieure à l'aliénation. (Loi 25, § 5.)

Paul, dans la loi 38, § 4, liv. 22, tit. 1er D., soutient un système différent. Il ne distingue pas entre les fruits pendants au moment de l'aliénation et ceux qui ont pu se former depuis : « *Nam prætor id agit ut perinde sint omnia atque si nihil alienatum esset.* » Ulpien partageait l'avis de Paul comme nous le voyons dans la loi 10, § 20, n. t.

Plusieurs commentateurs soutiennent que les décisions de Vénuleius et de Paul peuvent se concilier entre elles ; selon les uns, Vénuleius, dans la loi 25, s'occuperait d'un acquéreur de bonne foi, tandis que Paul et Ulpien, dans le texte que nous avons cité, supposeraient un acquéreur de mauvaise foi. Dans ce système, l'acquéreur de bonne foi restituerait les fruits pendants au moment de l'acquisition et les fruits perçus depuis la *litis contestatio* ; l'acquéreur de mauvaise restituerait tous les fruits, même ceux qu'il aurait négligé de percevoir. Rien ne justifie cette conciliation. Vénuleius ne parle pas de la bonne foi du défendeur, et c'est, nous l'avons vu, par une considération étrangère à la question de bonne ou de mauvaise foi qu'il lui permet de garder les fruits formés depuis l'acquisition et perçus avant la *litis contestatio*. Le défendeur garde ces fruits parce qu'ils n'ont jamais fait partie du patrimoine du débiteur. Peu importe, dès lors, qu'il soit ou non complice de la fraude. D'un autre côté, Paul et Ulpien ne laissent point entendre qu'ils restreignent leurs décisions au cas où le tiers est de mauvaise foi. Ils exigent la restitution des fruits, parce que l'action Paulienne rétablit les créanciers dans la position où ils seraient si l'acte n'avait pas été fait.

Cujas essaye de faire disparaître l'antinomie en soutenant que la théorie de Paul et d'Ulpien s'applique à l'action et la théorie de Vénuleius à l'interdit fraudatoire. Le fragment de Vénuleius qui forme la loi 25 de notre titre est emprunté en effet à un ouvrage de cet auteur sur les interdits, mais le mot *interdit* n'y est pas prononcé, tandis que le mot action y est répété plusieurs fois ; enfin il y est dit que le tiers acquéreur doit restituer les fruits perçus depuis la *litis contestatio*, et cette expression ne peut convenir à un interdit. (Loi 1, § 40, liv. 43, tit. 16.)

L'exercice de l'action Paulienne peut bien éviter des pertes aux créanciers, mais elle ne peut en aucun cas les enrichir. Il résulte de là qu'ils doivent rendre au tiers acquéreur les dépenses nécessaires qu'il a faites du consentement des créanciers. (Loi 10, § 20, n. t.) Le tiers peut refuser de restituer tant qu'il n'est pas indemnisé de ses dépenses nécessaires ou des dépenses faites du consentement des créanciers. (Loi 10, § 20, n. t.) Quant aux dépenses utiles, si le tiers est de bonne foi, on doit les lui rembourser, mais les créanciers ne doivent pas en souffrir ; ils pourront payer ou la plus-value ou la somme déboursée. (Loi 38, *de Rei vind.*)

Si le tiers est de mauvaise foi, on lui permettra d'emporter ce qu'il pourra. (Loi 37, *de Rei vind.*, — loi 7, § 12, *de Adq. rer. dom. D.*) — Peut-être finit-on par autoriser le possesseur de mauvaise foi à se faire indemniser de ses déboursés jusqu'à concurrence de la plus-value. (Loi 38, D. *de Hered. petit.*; — Cujas, sur la loi 27, § 1, *de Rei vind.*; — M. Pellat, *Propriété et usufruit*, page 263, et suiv.)

L'acquéreur complice de la fraude qui est évincé par les créanciers peut-il exiger qu'on lui restitue le prix qu'il a remis au débiteur? Proculus pensait que non et un rescrit avait confirmé cette manière de voir. (Loi 7. n. t.) Vénuleius pensait que si les deniers existaient encore dans le patrimoine du débiteur, les créanciers poursuivants devaient les rendre. (Loi 8 n. t.)

§ VII.

De la durée de l'action Paulienne.

Comme toutes les actions prétoriennes qui tendent a rescinder des actes valables d'après le droit civil, l'action Paulienne n'est donnée que pendant une année *utile*. Cette année commence à courir du jour où les créanciers ont vendu les biens de leur débiteur. Le délai court du jour de la vente des biens, quoi qu'en disent plusieurs auteurs (MM. Proudhon et de Fresquet). Les textes et la raison nous confirment dans cette opinion. L'autre est incompatible avec la nature de l'action Paulienne. La vente des biens peut seule manifester l'insolvabilité du débiteur et l'inventaire qui la précède est souvent le seul moyen pour les créanciers de découvrir l'acte frauduleux qui a été dissimulé. L'année utile expirée, l'action n'est pas toutefois absolument éteinte ; mais le défendeur n'est plus tenu que jusqu'à concurrence de ce dont il se trouve plus riche. (Loi 10, § 24, n. t.) Le préteur ne permet pas que la fraude enrichisse. (Liv. 50, tit. 17, loi 206, D.)

§ VIII.

APPENDICE.

—

De la loi Ælia Sentia.

La loi Ælia Sentia portée, nous l'avons dit, sous le règne d'Auguste, se rattache par l'une de ses nombreuses dispositions (Heineccius en a compté jusqu'à 15) au sujet que nous venons de traiter. Cette loi empêchait les affranchissements faits en fraude des créanciers. (Ulp., *Reg. juris*, t. 1, § 15.) « *Is qui in* » *fraudem creditorum....... Manumittit, nihil agit,* » *quia lex Ælia Sentia impedit libertatem.* (Gaius, C. 1, § 37.)

Mais ici se présente d'elle-même une question qu'il faut résoudre. Puisque l'action Paulienne existait, qu'est venue faire la loi ? L'action *in factum* ne pouvait-elle donc pas atteindre les affranchissements frauduleux ? C'est à cette idée qu'il faut s'arrêter. Le préteur rescindait par l'action *in factum* les actes faits en fraude des créanciers; mais il n'osait toucher aux affranchissements. La liberté était un bien trop précieux pour que les préteurs se crussent le droit de l'enlever à qui l'avait reçue. On a prétendu qu'il n'était pas exact de dire que le préteur n'osait pas rescinder un affranchissement valable en droit civil; et on a cité des cas dans lesquels le préteur rescindait un affranchissement valable en droit civil. Un père de famille qui a émancipé son fils fait son testament en faveur d'un étranger, il omet son fils et affranchit plusieurs esclaves; l'institué fait adition, les esclaves affranchis directement deviennent libres; supposons maintenant que le fils omis se fasse envoyer en possession, les affranchissements sont rescindés. Nous répondrons que, sans doute, à une certaine époque la *bonorum possessio contra tabulas* fera considérer comme non avenus des affranchissements valables en droit civil, mais qu'elle n'avait pas cet effet sous Auguste; elle n'était donnée alors que *sine re* quand elle contrariait le droit civil. — Le préteur n'osait pas rescinder les affranchissements faits en fraude des créanciers, il laissait ce soin au législateur. La liberté est si précieuse, que la loi elle-même n'ose pas l'enlever à ceux qui l'ont obtenue; mais elle empêche que les esclaves ne l'obtiennent en fraude des créanciers. Celui qui affranchit en fraude de ses créanciers *nil agit; lex Ælia Sentia impedit libertatem.*

L'affranchissement est fait en fraude des créanciers quand il leur cause un dommage, et que le débiteur a conscience de ce dommage. D'après les expressions de Justinien au § 3 du titre vi, liv. 1er des Institutes, il paraîtrait que les jurisconsultes n'étaient pas tous d'accord pour exiger chez le débiteur *manumissor,* l'*animus fraudandi.* Quelques jurisconsultes se contentaient du simple préjudice causé aux créanciers par l'affranchissement pour appliquer la loi Ælia Sentia.

Nous avons terminé notre étude sur l'action Paulienne en droit romain, il nous reste à suivre maintenant dans notre ancien droit et dans le Code Napoléon la trace des principes que nous venons d'exposer.

ANCIEN DROIT FRANÇAIS.

L'ancien droit français ayant à garantir, comme le droit romain, les intérêts des créanciers contre les fraudes de leurs débiteurs, s'appropria, en les modifiant selon ses idées et ses besoins, les principes de l'action Paulienne. Ces modifications parurent si profondes, que quelques auteurs contestèrent l'existence de l'action Paulienne dans notre ancien droit.

« Le titre *Quæ in fraudem creditorum* n'est pas » d'un grand usage parmi nous, » écrivait Lebrun au commencement du dix-huitième siècle. Cinquante ans plus tard, Rousseau de Lacombe répétait : «Nous » ne suivons en aucun point les titres *Quæ in frau-* » *dem* au Digeste et *de his revocandis* au Code. » (*Jurisprudence civile*, V. *Fraude*).

Cette opinion extrême ne prévalut pas. Denizart, Furgole, Claude de Serres, de Boutaric, Pothier, Domat, enfin, tout en discutant les innovations et les tendances de la jurisprudence française, constatent la persistance traditionnelle dans notre droit des principes de l'action Paulienne.

Reconnaissons donc avec ces derniers auteurs que le même secours était offert par notre ancien droit aux mêmes intérêts, et indiquons avec eux par quelles innovations intelligentes l'action Paulienne, loin d'être détruite, reçut, au contraire, de nouvelles applications.

Nous savons quels abus les jurisconsultes romains avaient fait de ce principe : les créanciers ne peuvent attaquer les actes par lesquels leur débiteur refuse d'acquérir. Notre ancienne jurisprudence ne put voir sans la réprimer, la fraude d'un héritier qui renonçait à une opulente succession pour frustrer ses créanciers. La renonciation à une succession qui échappait en droit romain à la critique des créanciers, put être attaquée en droit français. Mais cette innovation incontestée aujourd'hui n'était alors ni admise par tous les auteurs, ni justifiée par les mêmes raisons, ni même exercée par le même procédé.

Dumoulin, dans son commentaire de la coutume de Paris, n'admet pas la révocation d'une renonciation à succession : « Si debitor in odium creditorum ali-
» quid modicum acceperit ut simpliciter renuntiaret
» opulentæ hereditati, creditores non possunt illam
» renuntiationem ullo modo revocare, sed solum
» illud modicum debitori promissum. » Les pays de droit écrit où se conservait l'influence du droit romain, refusèrent longtemps de considérer une renonciation à succession comme une diminution de patrimoine. (Arrêts d'Aix 1644, 1647.)

Les auteurs qui admettaient la révocation d'une

renonciation justifiaient différemment leur système.
— Selon Boutaric, « c'est une suite de cette maxime
» générale du royaume par laquelle « le mort saisit le
» vif », ce qui fait qu'un héritier étant d'abord saisi
» ne peut plus renoncer sans diminuer effectivement
» son patrimoine. » *Inst.* iv, t. 6, § 6.

Pothier explique autrement la règle nouvelle : « Il
» est vrai, dit-il, que les choses mêmes qui com-
» posaient la succession à laquelle j'ai renoncé,....
» ne m'ont jamais appartenu ; mais le droit de re-
» cueillir cette succession est un droit qui m'a appar-
» tenu lorsque la succession m'a été déférée. Le droit
» était de même valeur que la chose qui en faisait
» l'objet, il faisait partie de mon bien, et en le per-
» dant volontairement par la répudiation que j'en
» ai faite, j'ai diminué mon bien d'autant. » (*Traité
des donations entre mari et femme*, 1ʳᵉ partie, ch. xi,
n° 88.)

Domat, enfin, n'entourant pas son raisonnement de
formes aussi juridiques, invoque cette considération
décisive : « qu'il se peut faire que le créancier ait eu
» sujet de compter, parmi les assurances qu'il pou-
» vait prendre sur les biens de son débiteur, celles
» des successions qu'il pouvait attendre. » *Lois ci-
viles*, titre x.)

Nous avons dit que les moyens offerts aux créanciers pour combattre les effets d'une renonciation
frauduleuse étaient de diverse nature.

Certaines coutumes permettaient, en effet, aux
créanciers du renonçant de se faire subroger à ses

droits nonobstant sa renonciation. D'autre fois, le débiteur était forcé de se porter héritier pour le compte de ses créanciers. Enfin nous voyons par des arrêts de la collection Louët (II° vol., p. 505 et suivantes), la révocation prononcée purement et simplement et la portion de l'hérédité répudiée attribuée aux créanciers.

Les créanciers étaient également protégés contre la renonciation frauduleuse de la femme à la communauté.

Un grevé de substitution peut causer un préjudice à ses créanciers en restituant avant le temps fixé les biens compris dans la substitution. Les créanciers pouvaient-ils se plaindre ? La jurisprudence des pays de droit écrit leur refusait toute action jusqu'en 1747, sous prétexte que le grevé, en restituant, avait rempli les intentions du testateur. L'art. 42 de l'ordonnance sur les substitutions fit rejeter cette doctrine. « La » restitution du fidéicommis, faite avant le temps de » son échéance, dit cet article, par quelque acte que » ce soit, ne pourra empêcher que les créanciers du » grevé de substitution qui seront antérieurs à ladite » remise ne puissent exercer sur les biens substitués » les mêmes droits et actions que s'il n'y avait point » eu de restitution anticipée. »

Ricard enseignait, avant l'ordonnance, que cette restitution anticipée ne pouvait être attaquée que si les présomptions de la fraude étaient plus violentes que celles de la bonne foi. D'autres auteurs soutenaient qu'il suffisait du préjudice, l'ordonnance parut leur donner raison.

Les auteurs n'étaient pas d'accord pour admettre la révocation de la renonciation à l'usufruit légal.

Pothier et Lebrun donnaient aux créanciers l'action révocatoire en cas d'acceptation d'une succession onéreuse. Quelques auteurs permettaient, dans cette hypothèse, aux créanciers de l'héritier de demander contre ceux de la succession la séparation des patrimoines ; mais c'était une décision contraire à tous les principes.

Les auteurs s'étaient aussi divisés sur les conditions de l'action.

Boutaric, de Serres, Furgole, Lebrun, admettaient que les créanciers étaient dispensés de prouver la mauvaise foi du débiteur dans le cas de renonciation purement gratuite. L'art. 42 de l'ordonnance sur les substitutions leur donnait raison. L'opinion contraire, qui exigeait pour le succès de l'action Paulienne la réunion de la fraude et du préjudice, était vivement soutenue par Ricard et Pothier. Ces derniers interprétaient en faveur de leur système l'art. 42 de l'ordonnance.

Qu'il nous suffise d'avoir jeté ce rapide coup d'œil sur notre ancien droit. Arrivons au Code Napoléon, sur lequel s'élèvent encore les questions que nos ancêtres ont si longtemps débattues.

DE L'ACTION PAULIENNE DANS LE CODE NAPOLÉON.

A l'exemple de l'édit du préteur et de notre ancien droit, le Code Napoléon accorde aux créanciers une action révocatoire contre les actes faits en fraude de leurs droits. L'art. 1167 leur donne la faculté d'attaquer ces actes en leur nom personnel ; mais il ne précise ni la nature de cette action, ni les conditions qu'elle exige, ni les actes auxquels elle s'applique, ni les personnes qu'elle atteint, ni les effets qu'elle produit. Le laconisme du Code et les vices de sa rédaction ont permis aux auteurs d'élever sur chacun de ces points des controverses que nous devons examiner.

§ I.

De la nature de l'action Paulienne.

La plupart des auteurs ne voient dans le droit accordé aux créanciers par l'art. 1167 du Code Naléon qu'un droit personnel. La cause de ce droit vient, selon eux, du dommage éprouvé par les créanciers et dont ils ont le droit de demander réparation, non-seulement au débiteur ou à ses héritiers, mais au tiers participant à ce dommage. Lorsqu'un débiteur, disent-ils, en aliénant un de ses biens ou en contractant une obligation au profit d'un tiers, se rend sciemment insolvable, un rapport obligatoire naît entre les créanciers et le tiers. Si l'acte est à titre onéreux, ce rapport n'existe qu'autant que le tiers est complice de la fraude et se fonde sur ce principe : quiconque cause à autrui un dommage par sa faute est obligé à le réparer. Si l'acte est à titre gratuit, le rapport obligatoire se forme entre le créancier et le tiers de bonne ou de mauvaise foi et se fonde alors sur le principe que nul ne doit s'enrichir injustement aux dépens d'autrui.

Cette manière d'envisager l'action révocatoire entraîne deux conséquences :

Le créancier n'ayant aucun droit sur les biens sortis du patrimoine de son débiteur, le tiers qui les a reçus a pu les aliéner librement. Ceux qui les tiennent de lui sont à l'abri de toute poursuite, s'ils ne sont pas, comme leur auteur, complices de la fraude et par là même obligés personnellement.

En second lieu, l'action des demandeurs en révocation étant toute personnelle contre le tiers, ces demandeurs doivent être placés sur la même ligne que les autres créanciers personnels du tiers défendeur et concourir avec eux pour être payés au marc le franc, si ce tiers est insolvable. L'action révocatoire, dans cette hypothèse, serait loin d'atteindre le but qu'elle poursuit ; nous savons même que c'est pour éviter ce résultat que l'action Paulienne avait reçu en droit romain le caractère d'action réelle. — Ajoutons que, dans notre droit, tous les auteurs sans exception repoussent cette dernière conséquence.

Quelle que soit leur opinion sur la nature de l'action révocatoire, ils admettent tous que la révocation poursuivie et obtenue par les créanciers leur donne le droit d'être payés sur les biens compris dans l'acte révoqué, à l'exclusion des créanciers directs du tiers défendeur ; mais nous ne comprenons pas comment ceux qui ne voient dans l'action révocatoire qu'un droit personnel parviennent à justifier cette dérogation.

Ce n'est pas, d'ailleurs, le seul point sur lequel ce système contrarie les principes juridiques. Lorsqu'il accorde l'action révocatoire contre les tiers acquéreurs à titre gratuit, sans exiger de leur part aucune complicité, il invoque évidemment à tort le principe :

nul ne doit s'enrichir injustement aux dépens d'autrui. On ne s'enrichit injustement aux dépens d'autrui que si l'on n'a ni droit ni titre pour profiter d'un bien qui lui est enlevé. *Neminem lædere videtur qui suo jure utitur.* Celui qui use de son droit ne lèse point son prochain. En d'autres termes : je ne dois aucune réparation à celui à qui je cause un préjudice, quelque grand qu'il soit, lorsque je me suis renfermé rigoureusement dans l'exercice de mes droits sans empiéter sur les siens. Or, dans l'opinion que nous exposons, on reconnaît que le débiteur avait le droit de disposer de ses biens en toute liberté. Le droit de gage général accordé sur ses biens à ses créanciers ne leur conférait, à aucun point de vue, un droit de suite ; dès lors, comment comprendre la poursuite dirigée contre le tiers donataire de bonne foi ? Il avait le droit et la capacité de recevoir du débiteur ; il a reçu de bonne foi et dans l'exercice de son droit, il n'a pu léser injustement les créanciers de son donateur, il ne peut être obligé personnellement vis-à-vis d'eux par un quasi-délit.

Dans notre opinion, l'action Paulienne, introduite et conservée par un sentiment d'équité, présente dans ses fondements un caractère mixte qui explique et résout les questions délicates auxquelles elle a donné naissance.

L'art. 2002 accorde aux créanciers un droit de gage général sur les biens *présents et à venir* de leur débiteur. Des expressions de la loi, nous devons conclure que ce droit de gage ne se maintient qu'autant que le débiteur reste en possession ; cela est évident, puisque tel bien que le débiteur a eu dans le passé, mais qu'il n'a plus, ne peut être rangé parmi les biens présents et à venir, les seuls que le droit embrasse. Le débiteur qui dispose d'un de ses biens le transmet donc franc et libre à son acquéreur. Les sûretés de ses créanciers seront diminuées d'autant ; mais en n'exigeant pas des sûretés spéciales, ils se sont soumis à ce risque et ne doivent accuser qu'eux-mêmes du préjudice qu'ils éprouvent. Mais si les actes faits de bonne foi par leur débiteur peuvent être opposés aux créanciers, en sera-t-il de même des actes frauduleux ? Nous ne le croyons pas. Nous pensons que la fraude du débiteur entache non-seulement l'acte lui-même, mais frappe aussi la chose aliénée d'un vice qui la suit entre les mains de l'acquéreur. Et ce vice est tel que si le nouveau détenteur n'a pas un titre préférable au titre des créanciers, ceux-ci pourront obtenir, par l'action révocatoire, la faculté d'exercer leurs droits sur la chose aliénée comme si elle était encore comprise dans le patrimoine de leur débiteur. Le tiers acquéreur à titre onéreux et de bonne foi l'emportera sur les créanciers demandeurs en révocation et fera écarter leur demande. Il inspire, en effet, le même intérêt ; comme eux, il combat *de damno vitando*, et, de plus, il a l'avantage de la possession. L'acquéreur à titre onéreux de mauvaise foi ne saurait inspirer d'intérêt, et son titre entaché de fraude ne saurait effacer le vice de la chose. Le donataire de bonne foi combat *de lucro captando* et ne mérite pas dès lors

4

qu'on supprime en sa faveur le droit que le caractère frauduleux de l'aliénation a laissé subsister au profit des créanciers du donateur.

Ce système est logique, et nous verrons, lorsque nous nous occuperons des effets de l'action Paulienne, qu'il résout aisément toutes les difficultés qui se présentent.

§ II.

Quelles conditions sont exigées pour l'exercice de l'action Paulienne.

Un créancier qui veut attaquer un acte fait par son débiteur, en prétendant qu'aux termes de l'art. 1167 il est fait en fraude de ses droits, doit prouver en premier lieu que cet acte lui cause un préjudice.

Trois conditions sont exigées pour que le préjudice soit établi. Il faut :

1° que le débiteur soit insolvable.

L'action révocatoire, en effet, à la différence de l'action hypothécaire, n'est accordée aux créanciers que subsidiairement et dans le cas seulement où les autres biens du débiteur ne suffiraient pas pour payer ses dettes. Le défendeur à l'action Paulienne a donc le droit d'exiger du créancier poursuivant la preuve de l'insolvabilité du débiteur auteur de l'acte attaqué. Mais gardons-nous de dire, comme quelques auteurs, que le défendeur à l'action Paulienne jouit d'un *bénéfice de discussion*. Cette expression serait inexacte et pourrait induire en erreur si on la prenait à la lettre. Le bénéfice de discussion est une faveur accordée par la loi à la caution qui pourrait être poursuivie pour le tout d'après son engagement. La faculté d'exiger la preuve de l'insolvabilité du débiteur est un droit pour le défendeur à l'action Paulienne. Aussi ce dernier est-il soustrait aux obligations imposées à la caution d'avancer les deniers nécessaires pour obtenir cette preuve, d'indiquer les biens du débiteur principal, etc... (art. 2023 Code Nap.). Vainement dirait-on que cette preuve sera difficile, onéreuse pour les créanciers. Est-ce une raison suffisante pour restreindre dans le cas qui nous occupe l'obligation de prouver imposée à tout demandeur? Si le défendeur n'exigeait pas cette preuve, son silence devrait être interprété comme une reconnaissance de l'insolvabilité du débiteur.

Ajoutons ici avec Toullier (t. VI, n° 346) que la demande en révocation devrait être rejetée si, depuis qu'elle a été formée, une succession ou quelqu'autre événement survenu au débiteur l'avait mis en état de payer ses dettes.

2° Il faut encore, pour qu'il y ait préjudice, que l'acte attaqué ait produit ou augmenté l'insolvabilité du débiteur. Si au moment où il concluait l'acte attaqué et après cette conclusion, le débiteur était encore solvable, ses créanciers n'auraient éprouvé en réalité aucun préjudice et ne pourraient se plaindre d'un acte qui leur laissait encore un gage suffisant.

3° Il faut enfin que le titre du créancier poursuivant soit antérieur à l'acte attaqué. Le créancier dont le titre est postérieur à cet acte n'a jamais pu compter sur les biens qui étaient sortis du patrimoine de son débiteur lorsqu'il a contracté avec lui. Le droit de gage accordé aux créanciers sur les biens présents et à venir de leur débiteur ne saurait en aucun cas s'étendre à leurs biens passés.

Nous devons placer ici une observation importante; il ne faut pas confondre l'action en déclaration de simulation et l'action en révocation des actes frauduleux. Tandis que la seconde ne peut être exercée que par des créanciers antérieurs à l'acte attaqué, la première appartient à tout créancier même postérieur à l'acte argué de simulation. L'acte simulé par un débiteur qui veut soustraire quelques-uns de ses biens à la poursuite de ses créanciers présents ou éventuels est un acte qui n'existe qu'en apparence et ne produit aucun effet. Les biens auxquels il s'applique n'ont pas changé de mains, et les créanciers qui demandent aux tribunaux de déclarer la simulation leur demandent, en réalité, de constater que le patrimoine de leur débiteur comprend encore telle ou telle valeur, n'est pas grevé de telle ou telle obligation, afin que leur droit de gage puisse s'exercer librement. C'est pour avoir négligé de faire cette distinction dans la rédaction de ses arrêts, que la jurisprudence a pu être accusée d'accorder quelquefois l'action Paulienne aux créanciers postérieurs à l'acte attaqué.

Lorsque le demandeur en révocation a prouvé le préjudice, il faut, en outre, pour que les exigences de l'art. 1167 soient remplies, qu'il établisse sous certaines distinctions que l'acte préjudiciable est entaché de fraude.

Il y a fraude lorsque le débiteur connaît son insolvabilité et que, malgré cette connaissance, il diminue son patrimoine, soit en aliénant ses biens, soit en contractant des obligations onéreuses. Il n'est pas nécessaire qu'il songe à frauder précisément telle ou telle personne en particulier (Toullier, t. VI, n° 349).

Le tiers qui se trouve soumis à la poursuite du créancier a pu connaître ou ignorer l'insolvabilité du débiteur au moment où il traitait avec lui ; il est dit de mauvaise foi dans le premier cas, de bonne foi dans le second.

Demandons-nous maintenant chez qui la fraude doit exister pour que l'action Paulienne réussisse. Cette question mérite toute notre attention, elle est très-discutée et diversement résolue.

Si l'art. 1167 existait seul, nulle difficulté ne se serait élevée. La théorie romaine, acceptée par notre ancienne jurisprudence, eût été admise dans notre droit et l'on eût distingué entre les actes à titre gratuit et les actes à titre onéreux, pour exiger, dans ces derniers seulement, la mauvaise foi des tiers, tandis que la fraude eût été, dans toutes les hypothèses, requise chez le débiteur.

Malheureusement le Code nous présente des rédactions différentes qui ont donné naissance et fourni des arguments à plusieurs systèmes.

L'art. 622 autorise les créanciers de l'usufruitier à faire annuler la renonciation qu'il aurait faite à leur *préjudice*.

L'art. 788 porte secours aux créanciers de celui qui renonce à une succession au *préjudice* de leurs droits.

L'art. 1053 veut qu'en cas de substitution l'abandon anticipé au profit des appelés ne puisse *préjudicier* aux créanciers du grevé antérieurs à l'abandon.

L'art. 1167, comme nous l'avons vu, exige la réunion du *préjudice* et de la *fraude*.

L'art. 1464 ne permet aux créanciers de la femme d'attaquer sa renonciation à la communauté qu'autant qu'elle les *fraude*.

Comment expliquer l'emploi de ces expressions différentes : *fraude* et *préjudice?* comment concilier les art. 622, 788, 1053 qui n'exigent que le préjudice avec les art. 1167 et 1464 qui exigent la fraude? Quatre systèmes ont été proposés pour résoudre ces questions ; nous nous proposons de les examiner successivement.

1er *système*. MM. Zachariæ, Aubry et Rau (t. III, § 313, note 14) soutiennent que la loi n'exige pas la fraude pour revoquer les actes à titre gratuit et qu'elle se contente du préjudice. En effet, disent ces auteurs, le Code, dans ses art. 622, 788, 1053, accorde l'action révocatoire contre les renonciations gratuites abstraction faite de toute intention frauduleuse de la part du débiteur. Il est vrai que l'art. 1464 semble exiger des créanciers d'une femme qui attaquent sa renonciation à la communauté la preuve d'une fraude ; mais la rédaction de cet article ne peut prévaloir contre la rédaction de trois autres. Et comme il est impossible de comprendre une disposition exceptionnelle dans l'art. 1464, il faut y substituer le mot préjudice au mot fraude employé par inadvertance. Puis, comme il

est impossible de faire une distinction rationnelle entre les renonciations et les autres actes à titre gratuit, il faut admettre que la loi a fait aux renonciations l'application d'un principe général qu'elle admettait pour toutes les libéralités. L'équité, ajoutent enfin les partisans de ce système, réclame cette solution. « On ne voit pas, disent MM. Aubry et Rau,
» pourquoi l'admissibilité de l'action Paulienne contre
» les tiers au profit desquels ont été passés des actes
» à titre gratuit devrait dépendre de la mauvaise foi
» du débiteur, puisque, dans le cas où ce dernier
» serait de bonne foi, les tiers, *qui certant de lucro*
» *captando*, ne s'en enrichiraient pas moins aux dépens
» des créanciers *qui certant de damno vitando.* »

En exposant le système que nous adoptons, nous montrerons que les arguments de texte n'ont pas une grande valeur. Quant aux considérations d'équité, nous leur opposons ce principe de droit dévoloppé plus haut : *neminem lœdere videtur qui suo jure utitur.* Le débiteur avait conservé le droit de disposer de ses biens, il en a usé de bonne foi, ses créanciers ne peuvent critiquer l'exercice légitime de la liberté qu'ils lui ont laissée.

2° *système.* Ce système, proposé par MM. Demante (*Cours analytique*, t. II, p. 154), Ducaurroy, Bonnier et Roustain (*Code civil*, t. II, p. 154), distingue entre les renonciations et les donations à titre gratuit. Une renonciation, disent ces auteurs, se fait plus facilement qu'une donation. On ne peut pas dire, ajoutent-ils, que la renonciation confère un droit aux personnes appelées à en profiter; il est raisonnable par conséquent de leur enlever le bénéfice qu'elles en retirent indirectement, plus facilement que s'il leur était directement conféré par un acte à titre gratuit ou à titre onéreux.

Nous ne comprenons pas cette distinction; rien dans les discussions ne nous fait pressentir que les rédacteurs aient eu la pensée de l'admettre. Nous ne voyons pas, d'ailleurs, qu'une renonciation soit plus suspecte qu'une donation, ni qu'elle enrichisse moins le tiers qui en profite.

3° *système.* Ce système, présenté par M. Capmas, interprète littéralement les articles du Code. Il exige la fraude ou se contente du préjudice, selon que la loi parle de fraude ou de préjudice. M. Capmas, en interprétant littéralement les articles du Code, a certainement le mérite de ne point altérer les textes en modifiant arbitrairement la rédaction de l'art. 1464. En interrogeant les travaux préparatoires du Code Napoléon, l'auteur de ce système a cru trouver, pour chaque article, des arguments en faveur de sa théorie. Mais ce sont arguments de forme que la logique repousse et que l'étude, plus exacte de la discussion, fait écarter. Pour accepter ce système, il faudrait admettre que les rédacteurs du Code n'avaient que des idées confuses et incohérentes; nous ne pouvons nous y résoudre, et nous repoussons ce système comme les deux premiers.

4° *système.* On soutient dans ce système que la distinction du droit romain est encore en vigueur. La fraude est exigée chez le débiteur dans tous les cas et chez le tiers si l'acte est à titre onéreux. C'est le système que nous adoptons.

Le créancier qui n'a pas exigé de son débiteur des sûretés particulières et qui s'est contenté du gage général que la loi lui accordait sur les biens présents et à venir de ce débiteur, ne doit pas s'étonner de le voir modifier ce gage ; et lorsque ces modifications ne sont pas frauduleuses, nous ne voyons pas comment il pourrait s'en plaindre. Lorsque le débiteur devient insolvable sans qu'il y ait mauvaise foi de sa part, il use légitimement d'un droit qu'il a conservé et ne doit aucune réparation à son créancier. L'acte préjudiciable est conforme au droit, nul vice ne l'entache, personne ne peut l'attaquer. Tel est le principe de droit qui, a défaut d'autres raisons, nous déciderait à exiger, dans tous les cas, la fraude chez le débiteur, pour que l'action Paulienne pût être intentée. Mais les discussions qui précédèrent la rédaction définitive du Code nous fournissent des fondements plus solides, s'il est possible, pour appuyer notre système. Nous pensons et nous nous proposons de démontrer que les rédacteurs du Code, n'ayant pas une opinion bien arrêtée sur la question de savoir si la fraude devait être exigée dans tous les cas, la réservèrent lors de la rédaction des art. 623, 788, 1053, la résolurent en l'art. 1167, et l'appliquèrent postérieurement lors de la rédaction de l'art. 1464.

Le projet de la commission du gouvernement présentait deux dispositions correspondant aux art. 622, 788 de notre Code; elles étaient ainsi conçues :

Art. 43, liv. II, tit. III, sect. 3, du projet (art. 622), si la renonciation (de l'usufruitier) est faite en fraude des créanciers, ils peuvent la faire annuler.

Art. 93, liv. III, tit. I, ch. VI, sect. 2, art. 788. Les créanciers de celui qui renonce en fraude et au préjudice de leurs droits, peuvent attaquer la renonciation, et se faire autoriser en justice à accepter la succession du chef de leur débiteur, et en son lieu et place. Dans ce cas, la renonciation n'est annulée qu'en faveur des créanciers et jusqu'à concurrence seulement du montant de leurs créances; elle ne l'est pas au profit de l'héritier qui a renoncé. Le projet de la commission fut soumis, comme on le sait, à l'examen des tribunaux. Le tribunal de cassation proposa de modifier les deux articles précités en remplaçant le mot fraude par le mot préjudice dans le premier article relatif à la renonciation de l'usufruitier et en supprimant le mot fraude pour ne laisser subsister que le mot préjudice dans l'article relatif à a renonciation de l'héritier. Le tribunal de cassation, pour qu'on ne se méprît pas sur ses intentions, ajouta une observation à la suite de chaque article modifié.

« La fraude suppose *consilium* et *eventu*, disait-il
» après le premier article; or ne suffit-il pas que par
» l'événement une renonciation porte préjudice aux
» créanciers, quoiqu'elle ne soit pas frauduleuse par
» l'intention du renonçant, pour qu'il y ait lieu à la
» faire annuler? »

Après le second article, nous retrouvons en d'autres termes la même observation. « La fraude du renonçant, » qui suppose à la fois *consilium* et *eventus*, ne doit pas » être exigée pour que les créanciers puissent attaquer » la renonciation ; il doit suffire qu'en résultat elle » leur soit préjudiciable. »

Le conseil d'Etat adopta d'abord la modification proposée par le tribunal de cassation sur les art. 43 et 93. Ces articles votés par le Corps législatif portent au Code Napoléon les numéros ₒ22 et 788.

Si nous nous arrêtions ici, nous devrions évidemment abandonner le système que nous adoptons et reconnaître que dans certains cas la preuve de la fraude du débiteur n'est pas exigée des créanciers. Mais arrivons à l'art. 62 (liv. III, titre II, chapitre 3, section 5), qui correspond à notre art. 1167 et qui doit être regardé comme le siége de la question.

Cet art. 62 dans le projet de la commission était ainsi conçu : « Les créanciers ne peuvent attaquer, » sous prétexte de fraude à leurs droits, les actes faits » par leur débiteur que dans les deux cas suivants : » 1° lorsqu'il s'agit d'actes réprouvés par la loi con- » cernant les faillites ; 2° lorsqu'il s'agit d'une re- » nonciation faite par le débiteur à un titre lucratif, » tel qu'une succession ou une donation, à la charge » par les créanciers de se faire subroger aux droits » de leur débiteur, et de prendre sur eux tous les ris- » ques et toutes les charges du titre qu'ils acceptent de » son chef. »

Le tribunal de cassation proposa ici encore des modifications. Voici la rédaction nouvelle qu'il indiquait à l'observation dont il la faisait suivre :

« Les créanciers peuvent aussi, en leur nom per-
» sonnel, attaquer tous les actes faits par leur débi-
» teur en fraude de leurs droits. Sont toujours
» réputés faits en fraude des créanciers les actes ré-
» prouvés par la loi concernant les faillites, ainsi que
» la renonciation faite par le débiteur à un titre lu-
» cratif, tel qu'une succession ou une donation. S'il
» s'agit d'une renonciation à un titre lucratif, les
» créanciers qui veulent faire annuler cette renonciation
» doivent se faire subroger aux droits de leur débiteur
» et prendre sur eux tous les risques et toutes les
» charges du titre qu'ils acceptent à sa place. »

« *Observations*. Le changement proposé n'a pour
» objet que d'exprimer d'une manière que l'on croit
» plus précise le vœu des auteurs du projet. »

Le projet de la commission présentait, on a pu le voir, une rédaction bien confuse; il semblait proscrire l'action Paulienne et ne l'admettre, par exception, que dans deux cas. Le tribunal de cassation ne prêta pas aux auteurs du projet une intention si peu raisonnable; il supposa qu'ils avaient voulu simplement établir une présomption de fraude pour les deux cas dont ils parlaient. Il reste à savoir si les législateurs ont en définitive accepté cette théorie.

Un premier projet fut présenté au conseil d'Etat le 2 brumaire an XII. L'article primitif était scindé en deux sous les numéros 62 et 63, ainsi conçus :

« Art. 62. Ils (les créanciers) peuvent aussi, en leur

» nom personnel, attaquer les actes faits par leur dé-
» biteur en fraude de leurs droits.

» Art. 63. Lorsqu'un débiteur a renoncé à une suc-
» cession, le créancier peut l'accepter du chef de son
» débiteur. Le créancier peut aussi demander l'exécu-
» tion, à son profit, d'une donation que son débiteur au-
» rait d'abord acceptée et à laquelle ce débiteur aurait
» ensuite renoncé. Dans l'un et l'autre cas, le créan-
» cier prend sur lui les risques et les charges résultant
» du titre qu'il accepte à la place de son débiteur. »

Ainsi la rédaction proposée par le tribunal de cassation n'est pas acceptée. L'art. 62, qui pose le principe général, veut que les créanciers prouvent la fraude
du débiteur, et l'art. 63, qui vient ensuite, ne dit pas à
quelles conditions un créancier pourra user du droit
qu'il lui accorde d'accepter une succession du chef
du débiteur qui y a renoncé. — Il faut donc recourir
au principe général posé dans l'art. 62 et exiger du
créancier la preuve de la fraude. — Enfin, à la suite
de la discussion générale sur la section, dans la séance
du 16 frimaire an XII, l'art. 63 dispraut; l'art. 62,
conservé seul, devint l'art. 1167 du Code Napoléon.
On comprend que l'art. 63 ait été supprimé; il était
inutile, puisqu'il ne présentait qu'une application de
l'article précédent.

Les idées du tribunal de cassation furent donc défi-
nitivement rejetées lors de la discussion de l'art. 1167.
Les législateurs acceptèrent, avec raison, les principes
du droit romain et ne s'en écartèrent plus, comme
le prouve l'art. 1464.

Le tribunal de cassation, par oubli ou par inconséquence, n'avait proposé aucune modification à l'article du projet qui est devenu dans la rédaction définitive l'art. 1464. — Cet article, qui portait dans le projet le n° 82, liv. III, titre x, ch. 2, section 5, était ainsi conçu : « Les créanciers de la femme pourront atta-
» quer la renonciation qui a été faite par elle ou par
» ses héritiers en fraude de leurs droits et accepter de
» leur chef la communauté. » — Il est bien évident ici que les créanciers ne sauraient attaquer la renonciation de la femme s'ils ne sont en mesure de prouver sa mauvaise foi.

On ne saurait tirer aucun argument contre notre système des expressions de l'art. 1053. « L'abandon anti-
» cipé de la jouissance au profit des appelés *ne pourra*
» *préjudicier* aux créanciers du grevé antérieurs à
» l'abandon. » — La commission du gouvernement n'avait pas cru devoir permettre les substitutions ; aussi n'est-il question de cet article ni dans le projet du Code, ni dans les observations du tribunal de cassation. Lorsqu'il fut admis que les substitutions devaient être permises dans certaines limites, on songea à garantir, comme l'avait fait déjà l'ordonnance de 1747, les créanciers contre l'abandon anticipé que pourrait faire, au profit des appelés, le grevé leur débiteur, de là l'art. 1053. Cet article, antérieur à l'art. 1167, doit être expliqué par ce dernier. Vainement on dirait qu'il a été emprunté par les rédacteurs du Code à l'art. 42 de l'ordonnance sur les substitutions, et que Furgole et plusieurs autres jurisconsultes soutenaient sans hé-

siter qu'aux termes de l'ordonnance, les créanciers pouvaient faire révoquer la restitution anticipée de la substitution sans prouver l'existence de la fraude. L'opinion des jurisconsultes sur ce dernier point n'était pas unanime. Pothier interprétait l'art. 42 de l'ordonnance dans le sens des principes généraux; il croyait que, même dans le cas de l'art. 42, les créanciers avaient à prouver que leur débiteur avait agi de mauvaise foi. — L'abandon anticipé des biens compris dans une substitution et la renonciation à un usufruit nous paraissent deux actes de même nature, et nous ne pourrions nous expliquer que l'on veuille les soumettre à des règles différentes.

Résumons cette discussion et concluons que le créancier, pour triompher dans l'action Paulienne, devra établir dans tous les cas la fraude chez le débiteur, et si l'acte est à titre onéreux, la complicité du tiers défendeur.

Il est en général assez facile de distinguer un acte à titre gratuit d'un acte à titre onéreux; et cependant on a de tout temps élevé des doutes sur le caractère de la constitution de dot.

Nous n'hésitons pas à admettre que dans le Code Napoléon, comme dans l'ancien droit, la constitution de dot est un acte à titre gratuit à l'égard de la femme et à titre onéreux à l'égard du mari.

Un acte est à titre gratuit, aux termes de l'art. 1105, lorsque l'une des parties procure à l'autre un avantage purement gratuit. Or, le père qui constitue une dot à sa fille reçoit-il en retour quoi que ce soit? Évi-

demment non. La constitution de dot qu'il a faite est
donc une pure libéralité, et s'il a agi en fraude de ses
créanciers, ces derniers ont l'action Paulienne, lors
même que l'épouse n'aurait pas été de connivence avec
son père. Mais si la femme a reçu à titre gratuit, son
mari à qui elle apporte la dot la reçoit pour supporter
les charges du mariage, et nous trouvons dans cette
obligation du mari les caractères évidents d'un contrat
à titre onéreux passé entre lui et sa femme. Nous pensons donc que les créanciers du constituant ne pourraient faire révoquer la donation à son égard qu'autant qu'il serait complice de la fraude. Mais remarquons
que, dans l'hypothèse où le mari serait de bonne foi,
les créanciers du constituant pourraient néanmoins
agir contre la femme, sauf à n'exécuter la sentence
qu'après la dissolution du mariage.

C'est aux créanciers demandeurs en révocation qu'est
imposée l'obligation de prouver le préjudice et la
fraude. Nous avons vu comment ils établissent le préjudice; ils peuvent établir la fraude par tous les moyens
possibles, par des preuves écrites, témoignages, et
même par de simples présomptions de l'homme, pourvu
qu'elles soient graves, précises et concordantes. Nous
verrons même que le Code de commerce admet dans
certains cas des présomptions légales de fraude.

5

§ III.

A quels actes s'applique l'action Paulienne.

L'action Paulienne s'applique en principe à tous les actes par lesquels un débiteur diminue son patrimoine.

Un débiteur qui ne peut diminuer son patrimoine en fraude de ses créanciers peut toujours négliger de l'augmenter. Le principe romain sur ce point n'a pas été modifié, il a reçu seulement des applications plus exactes. MM. Aubry et Rau sur Zachariæ (nouvelle édition, § 313, note 12) pensent que l'action Paulienne peut être donnée en droit français quand le débiteur a négligé d'acquérir. Ils invoquent l'article 2092 et soutiennent que le droit de gage des créanciers s'appliquant aux biens à venir de leurs débiteurs, le débiteur diminue réellement le gage de ses créanciers quand il refuse d'acquérir. Mais ces auteurs donnent, selon nous, à l'article 2092 une portée qu'il n'a pas. Cet article signifie simplement que tous les biens entrés dans le patrimoine du débiteur, même postérieurement à la date de leurs créances, garantissent aux créanciers leur payement. Quant aux arguments tirés des articles 788 et 2225, ils ne peuvent nous toucher. Ces articles appliquent le principe; car le droit d'accepter une succession même en dehors de la saisine accordée aux héritiers et le droit d'invoquer une prescription font partie de la fortune de celui qui peut les exercer; y renoncer, c'est s'appauvrir.

Mais l'expression *acte*, même en la restreignant aux faits par lesquelles un débiteur diminue son patrimoine, est très-générale. Elle comprend non-seulement les aliénations à titre gratuit ou onéreux, mais tous les actes qui peuvent préjudicier aux créanciers : remise d'une dette, abandon d'un cautionnement, d'une hypothèque, d'un usufruit, d'une servitude, etc., etc. Mais toute énumération serait incomplète et par conséquent inutile; bornons-nous donc à dire que l'action Paulienne atteint, en principe, tous les actes sauf les exceptions, et recherchons quelles sont les exceptions.

I° *Exception.* Les créanciers ne peuvent critiquer les actes par lesquels leur débiteur a modifié ou aliéné des droits attachés à sa personne. En effet, aux termes de l'article 1166, les créanciers ne pourraient exercer ces droits, ils n'ont dès lors aucun intérêt à les faire rentrer dans le patrimoine de leur débiteur. Mais quels sont ces droits attachés à la personne du débiteur ? Nous pouvons dire en principe que ce sont tous ceux dont on ne comprendrait pas la cession. Nous pouvons citer, comme exemple, les droits d'usage et d'habitation. Ces droits ne sont pas aliénables, on ne peut dès lors les considérer comme faisant partie du gage des créanciers ; ceux-ci ne peuvent ni les saisir ni les faire vendre pour se payer.

Nous devons également ranger parmi les droits personnels dont nous parlons, tous ceux qui ont leur source dans un outrage dirigé contre la personne et que le pardon fait évanouir, par exemple, le droit de demander la révocation d'une donation pour cause d'ingratitude. Sur tous ces points il n'y a aucun doute.

On s'est demandé si le droit de jouissance accordé aux parents sur les biens de leurs enfants mineurs (384) est tellement personnel que les débiteurs puissent y renoncer en fraude de leurs créanciers, sans que ceux-ci aient le droit de s'en plaindre. Nous pensons que les créanciers ont le droit d'exercer l'usufruit légal des parents après que ceux-ci ont rempli vis-à-vis de leur enfant les charges qui leur sont imposées par l'article 385 du Code Napoléon. Les créanciers peuvent saisir l'excédant qui appartient à leur débiteur père ou mère, ils peuvent dans les mêmes limites faire révoquer la renonciation que les parents auraient faite directement.

Mais si c'est par suite de l'émancipation de l'enfant que le patrimoine des parents est privé de leur usufruit légal, le doute alors s'élève, et les auteurs se demandent s'il faudra révoquer l'émancipation frauduleuse pour conserver aux créanciers du père de famille le droit de jouissance de ce dernier sur les biens de son enfant. Merlin soutenait que la révocation pouvait être demandée dans tous les cas par les créanciers.

» Ce n'est pas sans doute, disait-il (Rép. v° *Usuf.*
» *paternel*, § 1), dans la vue directe de donner un
» nouveau gage aux créanciers du père, que la loi lui
» accorde l'usufruit des biens de ses enfants. Mais il
» n'en est pas moins vrai qu'une fois qu'il est saisi
» de ce droit, la loi elle-même autorise les créanciers
» à s'en prévaloir, et qu'il ne peut y renoncer ni *di-*
» *rectement* ni *indirectement* à leur préjudice. »
L'opinion de Merlin ne pouvait prévaloir, la majorité des auteurs la repousse avec raison. L'usufruit
légal n'est qu'une conséquence de la puissance pater-
nelle, il s'éteint avec elle. On ne pourrait le faire
revivre qu'en faisant revivre cette puissance. Les
créanciers devraient donc, comme nous l'avons indi-
qué, attaquer l'émancipation elle-même et la faire
révoquer. Il faudrait soutenir alors que les créanciers
du père ont non-seulement pour gage la jouissance
des biens de l'enfant, mais jusqu'à un certain point sa
liberté. Il faudrait les admettre à demander la révocation du mariage qui a entraîné l'émancipation de plein
droit du fils de leur débiteur. Ces conséquences ne
prouvent-elles pas mieux que tous les raisonnements
l'erreur de Merlin et de ses partisans ? — Remarquons
d'ailleurs que les créanciers n'ont pas dû compter sé-
rieusement sur une jouissance qui pouvait leur échapper d'un moment à l'autre. Ajoutons enfin que l'émancipation ne pouvant avoir lieu qu'à 15 ans et le droit
de jouissance cessant à 18, les créanciers ne pourront
jamais éprouver, par le fait de l'émancipation, un préjudice très-important.

Parmi les droits attachés à la personne et soustraits à l'action des créanciers, nous citerons encore le droit accordé à la femme mariée, de demander la séparation de biens lorsqu'elle a lieu de redouter la mauvaise administration de son mari. Le législateur n'a pas voulu que les créanciers de la femme pussent intervenir dans les relations pécuniaires des deux époux ; il a cru veiller suffisamment à leurs intérêts en leur permettant d'exercer les droits de leur débitrice jusqu'à concurrence de leurs créances, lorsque le mari est en faillite ou en déconfiture. Les créanciers du mari surtout sont exposés à se trouver lésés par la séparation de biens, aussi peuvent-ils intervenir dans l'instance pour contester la demande et exercer tous les droits du mari leur débiteur. Ils peuvent enfin former tierce opposition au jugement de séparation qui aurait été prononcé au préjudice de leurs droits. (1447 C. N.)

Quelques auteurs ont soutenu, à tort selon nous, que la renonciation à une prescription acquise formait exception aux principes de l'action Paulienne. C'est sur l'art. 2225 que s'appuient les systèmes que nous combattons. Cet article est ainsi conçu : « Les créan- » ciers ou toute autre personne ayant intérêt à ce que » la prescription soit acquise, peuvent l'opposer en- » core que le débiteur ou le propriétaire y renonce. » Nous pensons que cette disposition a eu pour unique but de résoudre la question suivante : Le droit d'invoquer la prescription est-il de ceux qui sont attachés exclusivement à la personne du débiteur et que les créanciers par conséquent ne peuvent exercer ? Écar-

tant toutes les considérations tirées du caractère moral de la prescription, les rédacteurs du Code ont consacré la négative. Ils ont assimilé aux droits ordinaires la faculté d'invoquer la prescription ; ils l'ont placée par là même sous l'empire du droit commun. L'art. 1167 doit par conséquent s'appliquer aux renonciations à une prescription comme à tous les autres actes. Cette interprétation est donnée par M. Bigot-Préameneu lui-même : « Ce serait, dit-il dans son discours au con-
» seil d'État, une erreur de croire que la prescription
» n'a d'effet qu'autant qu'elle est opposée par celui
» qui a prescrit et que c'est au profit de ce dernier
» une faculté personnelle. La prescription établit ou
» la libération ou la propriété : or les créanciers peu-
» vent, *ainsi qu'on l'a déclaré au titre des obligations,*
» exercer les droits et les actions de leur débiteur, *à*
» *l'exception de ceux qui sont exclusivement attachés à*
» *sa personne,* la conséquence est que les créanciers
» peuvent opposer la prescription encore que le débi-
» teur ou le propriétaire y renonce. » Ce système, mal-
gré sa simplicité et l'autorité qui l'appuie, a trouvé des contradicteurs. MM. Vazeille et Dalloz soutiennent que l'art. 2225, loin d'être une application, est une res-
triction du droit commun, en ce sens que les créanciers auront bien le droit d'invoquer une prescription échue en faveur de leur débiteur, mais non de faire révoquer, quelque frauduleuse qu'elle soit, une renonciation qu'il aurait faite. L'esprit et le texte de notre art. 2225 repoussent cette idée. Si la loi avait entendu refuser aux créanciers le droit de critiquer la renonciation de

leur débiteur comme étant un acte de conscience pour lequel on doit lui réserver toute sa liberté, elle leur eût certainement refusé le droit d'user de la prescription en son lieu et place, même contre sa volonté, puisque ce droit porterait la même atteinte à sa liberté de conscience. Le texte de l'art. 2225 n'est pas moins que son esprit contraire à l'interprétation que nous discutons. L'expression *encore que le débiteur y renonce* suppose une hypothèse où ce débiteur ne renonce pas et dans laquelle cependant le créancier peut agir. Cette hypothèse sous-entendue est évidemment celle où le débiteur ne se prévalant pas de la prescription, le créancier peut agir en vertu de l'art. 1166, et notre article exprime seulement le cas où l'art. 1167 doit être appliqué.

D'autres auteurs voient, au contraire, dans l'art. 2225 une extension du droit commun en ce sens que les créanciers pourraient attaquer la renonciation à une prescription sans être tenus de prouver ni fraude ni préjudice.

Ce système que l'on peut certainement appuyer sur le texte de la loi, ne nous paraît pas conforme à sa pensée. Nous ne pouvons admettre que le législateur ait été plus sévère pour les renonciations à prescription que pour les donations proprement dites. La renonciation à prescription peut être quelquefois un acte de fausse délicatesse, accompli sans autre motif que la générosité du renonçant; mais elle est parfois aussi l'accomplissement d'un devoir rigoureux, et dès lors pourquoi la traiter plus sévèrement qu'une donation ?

II° Exception. Outre la première exception imposée par les principes et fondée sur l'art. 1166, l'art. 1167 en indique deux autres dans son second alinéa, qui est ainsi conçu :

« Les créanciers doivent néanmoins, quant à leurs
» droits énoncés *au titre des Successions* et *au titre du*
» *Contrat de mariage et des droits respectifs des épowx*
» se conformer aux règles qui y sont prescrites. »

Nous trouvons en effet au titre des Successions et à l'art. 882 des règles spéciales introduites pour protéger, indépendamment de l'art. 1167, les créanciers des copartageants contre le préjudice que pourrait leur causer le partage.

Il est facile de comprendre qu'un acte de partage peut être exécuté d'une manière préjudiciable aux créanciers d'un copartageant, si, par exemple, tous les copartageants s'entendent pour attribuer à celui d'entre eux qui est grevé de dettes, des biens mobiliers faciles à dissimuler et à soustraire aux poursuites des créanciers. L'application de l'art. 1167 voudrait qu'en pareil cas, les créanciers fraudés pussent attaquer le partage et le faire annuler. Mais le législateur n'avait pas seulement à protéger les créanciers, il avait encore à garantir le repos des familles en assurant la stabilité des partages. L'art. 882 concilie heureusement ces deux intérêts en substituant un moyen préventif au moyen repressif de l'art. 1167. « Les créanciers d'un
» copartageant, dit l'art. 882, pour éviter que le par-
» tage ne soit fait en fraude de leurs droits, peuvent
» s'opposer à ce qu'il y soit procédé hors de leur pré-

» sence ; ils ont le droit d'y intervenir à leurs frais ;
» mais ils ne peuvent attaquer un partage consommé,
» à moins toutefois qu'il n'y ait été procédé sans eux
» et au préjudice d'une opposition qu'ils auraient for-
» mée.» Voici quel est, selon nous, le sens de cet article et comment les intérêts divers des créanciers et des
copartageants sont protégés. Les créanciers ou mieux
les ayant cause d'un copartageant ont le droit de contrôler et de surveiller les opérations du partage. Ils
peuvent, à cet effet, *intervenir à leurs frais* ou faire
opposition. S'ils sont intervenus ou s'ils ont été appelés,
ils ne peuvent attaquer en leur propre nom, pour cause
de préjudice ou de fraude, l'acte qu'ils ont contrôlé ou
qu'ils ont pu contrôler. Ils conservent néanmoins le
droit d'attaquer le partage au nom de leur débiteur s'il
y a eu dol, violence ou lésion. (Art. 1166.) Si, ayant
fait opposition, ils n'ont pas été appelés ils peuvent attaquer le partage s'ils justifient d'un intérêt légitime.
Il n'est pas nécessaire alors, dit M. Demolombe (tome 5,
n° 235), qu'ils établissent l'existence d'un concert frauduleux ou d'une intention frauduleuse. Que les copartageants qui n'ont pas tenu compte de l'opposition
s'imputent leur perte ; c'est une juste sanction de l'o-
bligation à laquelle ils ont manqué. C'est pour les
créanciers une juste compensation de la rigueur avec
laquelle la loi les traite en leur refusant toute action
pour faire annuler un partage auquel ils ne se sont pas
opposés.

Mais que décider si les créanciers du copartageant
ne se sont point opposés, ne sont pas intervenus ? —

Nous pensons avec M. Demolombe et la majorité des auteurs que ces créanciers ne peuvent attaquer le partage quelque entachéde fraude qu'on le suppose. Comment pourraient-ils se plaindre ? Ils ont été négligents, qu'ils supportent les conséquences de leur incurie. Mais, si, par suite de la rapidité des opérations du partage, les créanciers arrivent trop tard pour faire opposition, nous n'hésitons pas à dire qu'il faut un délai suffisant et qu'ici l'action des créanciers devrait être admise. Il n'y a pas, il est vrai, de délai fixe imposé par la loi; mais si les copartageants n'en ont pas laissé un, c'est déjà une présomption de fraude. (Cassation, 4 février 1857. D. 1858. 1. 47.)

Certains auteurs et quelques arrêts, méconnaissant le caractère essentiellement dérogatoire de l'article 882, ont prétendu que les créanciers non opposants du copartageant pouvaient attaquer le partage consommé frauduleusement à leur égard, à la seule condition de prouver selon les uns la fraude du copartageant débiteur, selon les autres l'existence d'un concert frauduleux entre tous les cohéritiers. Le rapprochement des deux articles 1167 et 882 et surtout l'esprit qui les a dictés condamnent ces tentatives, nous ne nous arrêterons pas à les discuter.

Le principe de l'article 882 s'applique au partage d'une communauté. L'article 1476 assimile expressément le partage d'une communauté au partage d'une succession pour tout ce qui concerne sa forme et ses effets.

Il est plus difficile d'appliquer les mêmes principes

au partage des sociétés. L'article 1872, moins général que l'article 1476, ne renvoie au titre des Successions qu'en ce qui concerne *les formes du partage et les obligations qui en résultent entre les copartageants;* il ne parle pas des *effets* du partage. La Cour de cassation a interprété la loi à la lettre par un arrêt du 20 nov. 1834. Elle invoque en faveur de son système la différence des rapports qui existent entre les copartageants d'une société et d'une succession; elle ajoute que le partage d'une société est en général un fait peu connu, dont les créanciers des associés seront rarement avertis et contre lequel par conséquent il importe de les protéger. — Cette doctrine ne nous paraît pas fondée, et nous attribuons à un simple oubli le silence de l'article 1872 sur *les effets* du partage. Ces effets doivent être les mêmes en cas de société et cas de succession. Le partage des sociétés n'a-t-il pas aux yeux de tous l'effet déclaratif du partage des successions ? N'est-ce pas d'ailleurs le cas de s'appuyer sur ces paroles du Tribunat en ses observations sur notre article : « Il importe essentiellement à la perfection du Code » de tenir invariablement aux principes qu'il à consacrés. » Nous pensons que le législateur n'a admis qu'une théorie pour tous les partages et qu'il faut se référer toujours au titre des Successions où il a formulé très-nettement cette théorie.

Il est plus difficile de découvrir à quel texte fait allusion le renvoi de l'article 1167 au titre du Contrat de mariage. Peut-être est-ce à l'article 1476 dont nous venons de parler ; peut-être est-ce à l'article 875 du

Code de procédure qui modifie, dans un certain cas, la durée de l'action révocatoire.

Après avoir signalé les exceptions au principe, revenons à la règle générale, en vertu de laquelle tous les actes sont soumis à l'action Paulienne. Quelques observations sont nécessaires sur quelques-uns de ces actes.

Les créanciers peuvent critiquer la renonciation de leur débiteur à une succession avantageuse (article 788 C. N.) (Cette disposition expresse lève le doute qui aurait pu naître de la décision contraire en droit romain). Deux hypothèses sont à considérer ici : ou les héritiers appelés à défaut du renonçant ont accepté la succession, ou ils ont négligé l'accepter. Dans le premier cas seulement, les créanciers du renonçant devront demander la révocation. Dans le second cas, leur débiteur ayant conservé le droit de revenir pendant 30 ans sur sa renonciation (article 790), ils peuvent exercer son droit (article 1166), et accepter la succession en son nom. — Bien que l'article 788 ne parle que de la rénonciation, les créanciers peuvent attaquer l'acceptation frauduleuse d'une succession obérée. La faveur dont le droit romain entourait l'adition d'hérédité explique le doute qui s'était élevé à cet égard entre les jurisconsultes romains. — Pothier admettait sans hésiter l'action Paulienne contre l'acceptation frauduleuse d'une succession. « Si un débiteur insolvable, » disait-il, acceptait une succession notoirement mau- » vaise, de manière qu'il parût qu'il l'a fait *en fraude* » *de ses créanciers*, je pense que ce serait le cas auquel

» les créanciers pourraient demander la séparation
» de ses propres biens d'avec ceux de la succession en
» faisant rescinder cette acceptation et l'obligation con-
» tractée par leur débiteur, en fraude de leurs créan-
» ces, envers les créanciers de la succession ; car tout
» ce qu'un débiteur fait en fraude de ses créanciers peut
» être rescindé, même les obligations qu'il contracte. »
(Pothier, *Successions*, ch. V, art. 4.) Vainement on op-
poserait l'article 881 qui décide que les créanciers de
l'héritier ne sont pas admis à demander la séparation
des patrimoines contre les créanciers de la succession.
Il est bien vrai que l'on arrivera par la révocation au
résultat que l'on atteindrait par la séparation des patrimoines, mais le procédé est très-différent. La séparation des patrimoines peut être demandée par les créanciers du défunt qui pensent y avoir intérêt et sans qu'ils
aient à prouver aucune fraude. L'article 881, en refusant le même droit aux créanciers de l'héritier, les op-
pose seulement aux créanciers du défunt. Les créanciers de l'héritier restent soumis au droit commun, ils
doivent respecter l'acceptation faite par leur débiteur,
quelque préjudiciable qu'elle puisse être, comme ils
sont tenus de respecter tous ses actes. Mais le cas de
fraude est comme toujours excepté. Rien dans l'article 881 n'indique l'intention de faire exception aux
principes généraux, l'art. 1167 doit donc ici recevoir
son application.

Faut-il appliquer la même décision en matière de
communauté ? En d'autres termes, peut-on accorder
l'action révocatoire aux créanciers d'une femme qui

aurait accepté la communauté en fraude de leurs droits ? Non, serait-on tenté de dire en considérant que la femme acceptante n'est jamais tenue des dettes de la communauté, vis-à-vis des créanciers de celle-ci, que dans la limite de son émolument. Dès lors, conclurait-on, l'acceptation de la communauté ne peut jamais causer un préjudice aux créanciers de la femme. Ce raisonnement serait inexact. D'une part, en effet, la femme ne jouit de ce bénéfice qu'autant qu'elle a fait bon et fidèle inventaire, et elle a pu négliger cette précaution pour nuire à ses créanciers; d'autre part, il se peut que la femme ait stipulé par contrat de mariage le droit de reprendre son apport franc et quitte en cas de renonciation; dans cette hypothèse, son acceptation peut être préjudiciable et frauduleuse, elle contient et entraîne l'aliénation d'un droit important ; aussi ses créanciers peuvent-ils l'attaquer.

L'art. 1464 accorde expressément aux créanciers de la femme le droit d'attaquer la renonciation à la communauté qui aurait été faite par elle ou par ses héritiers en fraude de leurs créances. Ici, comme en l'art. 788, les rédacteurs du Code ont voulu écarter le souvenir du droit romain.

Un débiteur peut causer un préjudice à ses créanciers en se laissant condamner sur des poursuites dirigées contre lui. Si le débiteur condamné a conservé la faculté de faire tomber la sentence rendue, à l'aide de l'appel ou de l'opposition, ses créanciers peuvent user de ses droits et les exercer conformément à l'art. 1166. Si le jugement a acquis force de chose jugée, les créanciers auxquels la sentence porte préjudice peuvent encore attaquer ce jugement, en leur nom personnel, en vertu du principe de l'art. 1167 que rien n'empêche d'appliquer aux décisions judiciaires. La loi leur accorde dans ce but, sous le nom de *tierce opposition*, un moyen exceptionnel d'attaquer la sentence qui leur est préjudiciable. Les créanciers sont, il est vrai, liés en principe par l'autorité des sentences qui condamnent leur débiteur. Cela vient de ce que les débiteurs sont considérés comme agissant dans l'intérêt de leurs créanciers. Mais il est évident qu'un débiteur ne représente pas ses créanciers dans une instance où il ne figure que pour les frauder au profit de son adversaire. Dans ce cas, on peut bien dire, aux termes de l'art. 474 du Code de procédure, que le créancier est une partie qui n'a été ni présente ni représentée au jugement qui lui cause un préjudice; cette partie peut former une tierce opposition pour faire rétracter et réformer en sa faveur l'autorité de la sentence obtenue des juges dans la pensée de la dépouiller.

Ici peut se placer une question importante diversement résolue par la jurisprudence et par les auteurs. Les débiteurs représentent-ils leurs créanciers hypothécaires dans les procès qui portent sur la propriété des immeubles hypothéqués? — Nous n'hésitons pas à admettre la négative. De quelque nom que l'on veuille caractériser le droit d'hypothèque, il est certain qu'il entrave les droits du propriétaire en créant sur la chose hypothéquée un droit tellement étendu au profit du créancier, qu'il comprend jusqu'à la faculté éventuelle d'aliéner. Nous pensons, en conséquence, que le créancier hypothécaire, qui a sur la chose un droit aussi énergique que celui de l'usufruitier et de l'usager, n'est pas plus représenté par son débiteur que ces derniers par les nu-propriétaires, dans les procès sur la propriété des fonds démembrés par l'usage, l'usufruit ou l'hypothèque.

§ IV.

A quelles personnes appartient l'action Paulienne.

L'action Paulienne appartient à tous les créanciers dont le titre est antérieur à l'acte attaqué, et la loi ne distingue pas entre les créanciers chirographaires et les créanciers hypothécaires ou privilégiés. Ces derniers ont incontestablement le droit d'exercer l'action Paulienne. Les sûretés particulières qu'ils ont obtenues ou que la loi leur accorde ne peuvent les priver des avantages du droit commun. Nous croyons, en conséquence, que le créancier hypothécaire qui a négligé de surenchérir conserve le droit d'attaquer par l'action révocatoire l'aliénation frauduleuse consentie par son débiteur à un acquéreur de bonne foi. Le tiers coupable de dol ne peut se prévaloir de la négligence du créancier pour repousser son action.

Nous avons dit qu'en principe les créanciers postérieurs à l'acte frauduleux n'avaient pas le droit de l'attaquer, mais si les sommes qu'ils ont prêtées ont été employées à désintéresser les créanciers antérieurs, nous croyons qu'il faudrait donner une autre décision et les admettre à intenter l'action Paulienne. Le droit romain le décidait ainsi, et nous ne voyons aucun motif pour statuer autrement.

Lorsque les créanciers sont obligés de prouver l'antériorité de leur créance à l'acte frauduleux, nous ne pensons pas qu'on doive les soustraire à l'application de l'art. 1328. Plusieurs auteurs ont soutenu que c'était au tiers attaqué à prouver la postériorité du titre invoqué; mais leurs raisons, bonnes peut-être en législation, ne sauraient être admises en jurisprudence. L'art. 1328 parle des tiers sans exception.

On se demande enfin si les créanciers à terme ou conditionnels peuvent attaquer les actes faits en fraude de leurs droits avant l'échéance du terme ou l'arrivée de la condition. L'affirmative ne nous paraît pas douteuse, et dès que les créanciers ont réussi à faire reconnaître l'insolvabilité du débiteur, l'action Paulienne nous paraît une mesure conservatoire, et les créanciers ont le droit de s'en prévaloir pour l'exercer.

§ V.

Contre qui l'action Paulienne peut-elle être intentée?

L'action Paulienne peut être intentée contre tous ceux qui ayant traité avec le débiteur de mauvaise foi ont été complices de sa fraude ou n'ont pas un titre suffisant pour effacer le vice de la chose qu'ils ont acquise. Les mineurs sont responsables de leurs délits et quasi-délits (art. 1310); l'action Paulienne pourra être donnée contre eux.

Elle sera donnée également et pour le tout contre les héritiers des personnes qui en étaient tenues.

Sera-t-elle donnée contre les successeurs à titre particulier de ceux qui y étaient soumis? Les principes que nous avons posés sur les fondements et la nature de l'action Paulienne nous permettent de résoudre facilement la question. Si le tiers est de mauvaise foi, il est tenu personnellement, puisqu'il a causé, lui aussi, aux créanciers un dommage injuste dont il leur doit réparation. Si le tiers est de bonne foi, nous pensons qu'il est par là même à l'abri de toute attaque, à moins que son titre ne soit gratuit et insuffisant alors pour couvrir le vice imprimé à la chose par la mauvaise foi et la fraude du débiteur.

MM. Aubry et Rau, sur Zachariæ, invoquant la maxime : « Nul ne peut transférer plus de droits qu'il n'en a, » avaient soutenu que, du moment où l'action Paulienne est admissible contre l'ayant cause immédiat du débiteur, elle réfléchit nécessairement contre les sous-acquéreurs, qu'ils soient de bonne ou de mauvaise foi, qu'ils aient acquis à titre onéreux ou à titre gratuit. Un examen plus approfondi de la question les a, disent-ils (3ᵉ édition, n° 313, note 20), convaincus que cette maxime est étrangère au cas de l'action Paulienne. Ils se sont ralliés à la majorité des auteurs pour accepter le système que nous avons exposé plus haut.

§ VI.

Des effets de l'action Paulienne.

L'action Paulienne, lors même qu'elle est admise, laisse subsister entre les parties contractantes l'acte contre lequel elle est dirigée. Elle n'a pour but que de faire disparaître, au regard des créanciers et à leur profit, l'acte par lequel leur débiteur a compromis de mauvaise foi leurs intérêts. Le vœu de la loi est que les créanciers puissent poursuivre leur payement sur le patrimoine de leur débiteur, comme si leur gage avait été respecté. La révocation est toute relative, elle ne se produit qu'entre le demandeur et le défendeur. Il serait donc inexact de dire d'une manière absolue que l'action Paulienne fait rentrer dans le patrimoine du débiteur le bien frauduleusement aliéné. La révocation ne s'opère qu'à l'égard du créancier demandeur et dans la limite de ses droits. Les créanciers postérieurs à l'acte frauduleux ne peuvent pas plus profiter de la révocation obtenue qu'ils ne pourraient la demander. Soutenir le contraire en prétendant que le droit de gage des créanciers s'exerce sur les biens présents et à venir du débiteur, et, par conséquent, sur les biens compris dans l'acte révoqué, c'est résoudre la question par la question. Comment d'ailleurs s'expliquer que les créanciers postérieurs à l'acte frauduleux puissent profiter de la révocation qu'ils n'ont pas le droit de demander? Si les tiers défendeurs à l'action Paulienne interrompent les poursuites des créanciers demandeurs en les indemnisant, dira-t-on que ces créanciers doivent partager avec les créanciers postérieurs l'indemnité qu'ils ont reçue? Nul ne le soutiendra. Enfin, si nous supposons des créanciers postérieurs ayant privilége général, il faudrait admettre, dans l'opinion que nous combattons, qu'il pourrait profiter de la révocation à l'exclusion de celui-là même qui avait seul le droit de la demander. Les conséquences condamnent le principe.

L'action Paulienne intentée par un créancier ne profite pas aux autres créanciers qui peuvent l'intenter de nouveau. C'est l'application de l'art. 1351.

Examinons maintenant ce que le créancier qui a fait révoquer l'acte frauduleux peut exiger du tiers acquéreur. Il faut, pour résoudre cette question, distinguer si le tiers acquéreur est de bonne ou de mauvaise foi, et c'est alors qu'il importe de savoir si le donataire a été complice de la fraude.

Le tiers défendeur à l'action Paulienne est-il de mauvaise foi, il doit être traité comme un possesseur de mauvaise foi. Il doit rendre par conséquent tous les fruits et tous les intérêts (549-1378 Code Napoléon), déduction faite des dépenses d'entretien et des frais de conservation. Autrement les demandeurs en révocation s'enrichiraient à ses dépens. Si l'acquéreur de mauvaise foi a fait des dépenses sur l'immeuble qui lui est enlevé par la révocation, les créanciers peuvent ou le forcer d'enlever à ses frais toutes ses constructions, tous ses matériaux, ou garder les ouvrages en lui remboursant toutes ses dépenses.

Le tiers défendeur est-il de bonne foi, il sera traité comme un possesseur de bonne foi. Il conservera les fruits perçus jusqu'au jour de la demande. — S'il a fait des dépenses d'amélioration, les créanciers demandeurs ne pourront le contraindre à démolir, mais ils devront l'indemniser en lui payant, à leur choix, ses dépenses ou la plus-value.

Quant au principal, si l'objet existe, le tiers doit le restituer en nature. Si l'objet a péri, l'acquéreur de mauvaise foi répond même des cas fortuits. L'acquéreur de bonne foi ne répond ni de sa négligence, ni de son fait, il restitue ce dont il s'est enrichi.

Si le tiers acquéreur a vendu la chose de bonne foi, il doit restituer le prix qu'il a reçu; s'il a vendu de mauvaise foi, il doit restituer le prix qu'il a reçu s'il est égal ou supérieur à la valeur de la chose, et si ce prix est inférieur, il doit restituer la valeur elle-même.

On se demande si le défendeur à l'action Paulienne qui a été évincé ou qui a désintéressé les créanciers conserve le droit de recourir contre le débiteur si son insolvabilité vient à cesser. On refuse en général ce droit au tiers. L'action Paulienne, dit-on, fait rentrer le bien dans le patrimoine du débiteur, c'est dès lors avec le bien de ce débiteur que les créanciers sont payés. De plus, ajoute-t-on, les acquéreurs ont acquitté l'obligation personnelle qu'ils avaient contractée en participant à la fraude du débiteur, dès lors comment pourrait-on leur accorder un recours? A ces deux arguments il nous paraît facile de répondre. Nous savons, en effet, qu'il ne faut pas attribuer à l'action révocatoire l'effet absolu de faire rentrer le bien dans le patrimoine du débiteur; mais surtout nous savons que l'action révocatoire ne repose pas seulement sur la complicité du tiers, mais sur le vice qui atteint la chose elle-même. On peut donc assimiler jusqu'à un certain point le tiers défendeur à l'action Paulienne au tiers détenteur d'un immeuble évincé par l'action hypothécaire. Enfin, aux termes de l'art. 788, le débiteur ne peut pas profiter de la révocation prononcée; or, c'est ce qui arriverait si le tiers acquéreur n'avait pas de recours contre lui. Il s'enrichirait évidemment, la dette se trouvant payée avec la valeur de la chose qu'il avait aliénée.

§ VII.

De la durée de l'action Paulienne.

Le Code Napoléon n'ayant fixé aucun délai pour l'exercice de l'action Paulienne, nous lui appliquerons sans hésiter la prescription trentenaire de l'art. 2262. C'est le droit commun auquel il faut se tenir, à moins d'une dérogation spéciale. Or, la loi n'a dérogé à son principe général qu'en l'art. 873 du Code de procédure en réduisant à un an le temps pendant lequel les créanciers d'un mari peuvent attaquer par la tierce opposition le jugement de séparation de biens rendu public par l'accomplissement de toutes les formalités prescrites en l'art. 872 du Code de procédure.

Nous rejetons donc, et l'opinion de ceux qui laissent aux juges la faculté de fixer arbitrairement le délai de la prescription, et l'opinion de ceux qui le fixent à 10 ans en considérant l'action Paulienne comme une action rescisoire (1304). Il est impossible de soutenir avec les premiers que la loi a abandonné au caprice des juges la fixation du délai; et les seconds oublient que la prescription décennale ne s'applique qu'aux actions en nullité intentées par les parties mêmes qui ont contracté.

APPENDICE.

DROIT COMMERCIAL.

Le commerce, peu en honneur chez les Romains, n'y fut jamais l'objet de règles particulières. Dans les nations modernes, au contraire, les relations commerciales prirent un développement considérable et furent régies par un droit distinct exclusivement applicable aux commerçants. Les auteurs des anciennes lois ou ordonnances sur le commerce s'efforcèrent constamment de rassurer la confiance et de réprimer la fraude par des mesures rigoureuses et parfois barbares. C'est ainsi que nos anciennes lois punissaient de mort le banqueroutier, et l'ordonnance de 1673 avait conservé cette pénalité. — L'ancien droit avait surtout remarqué qu'à l'approche des faillites, les actes frauduleux sont très-fréquents ; aussi accordait-il dans ce cas aux créanciers des commerçants des recours plus efficaces et d'un exercice plus facile que l'action Paulienne.

L'art. 13 du règlement fait pour la place de Lyon le 2 juin 1667 voulait que toutes cessions et transports sur les effets des faillis fussent nuls s'ils n'étaient faits dix jours au moins avant la faillite publiquement connue. — L'art. 4 du titre 2 de l'ordonnance du commerce de 1673 se borne à déclarer nuls tous transports, cessions, ventes et donations de biens meubles et immeubles *faits en fraude des créanciers*, laissant aux juges à décider quand ces actes sont faits en fraude. — L'ordonnance du commerce ne reproduisait pas la présomption de fraude établie par le règlement de 1687; elle fut modifiée en ce sens par une déclaration du 18 novembre 1702. Ce sont évidemment ces principes qui ont inspiré les rédacteurs de notre Code de commerce. Le livre des faillites, promulgué le 22 septembre 1807, a été remplacé par une loi promulguée le 8 juin 1838. Nous n'avons pas à indiquer les motifs de cette modification, nous nous bornons à en exposer les résultats. — La loi nouvelle protége les créanciers d'un commerçant d'une manière spéciale, parce qu'il leur a été presque impossible d'exiger des sûretés particulières et qu'il leur était impossible de surveiller facilement les opérations de leur débiteur. Voyons quelle est l'étendue de cette protection.

Le régime spécial introduit par la loi consiste à distinguer en trois classes les actes faits par le commerçant pendant le temps qui s'est écoulé depuis l'époque de la cessation des payements et même, sous certaines distinctions, depuis le 10° jour précédant cette cessation jusqu'au jour du jugement déclaratif. Les actes de la première classe sont frappés d'une nullité de plein droit (446 C. com.). — Les actes de la seconde classe sont annulés si le tiers qui a traité avec le failli connaissait la cessation des payements

(447, 449 C. com.). La nullité des actes de la troisième classe est laissée à l'appréciation des juges (448 C. com.).

I. *Nullités de plein droit.* — A l'égard de ces nullités, tout se réduit à une question de fait et de temps. Art. 446, sont nuls et sans effet, relativement à la masse de la faillite, lorsqu'ils auront été faits par le débiteur depuis l'époque de la cessation de ses payements, ou dans les dix jours qui auront précédé cette époque :

1° Les donations. La donation est un acte très-suspect et le donataire est peu favorable; il ne faut donc pas s'étonner que la loi en ait prononcé la nullité. Il est évident que par ce mot donation la loi a voulu atteindre tous les actes gratuits, tous ceux qui ont appauvri la masse sans compensation.

2° Tous payements ou dations en payement de dettes non échues.

3° La dation en payement de dette même échue. On comprend cette rigueur de la loi, la dation en payement est suspecte, la comparaison des valeurs étant toujours incertaine. Si le débiteur a payé ce qu'il devait, il n'y a plus dation en payement, mais payement. Ce payement n'est pas nul de droit, mais peut être annulé s'il est prouvé que le créancier connaissait l'état de cessation des payements de son débiteur.

4° Toute hypothèque conventionnelle ou judiciaire, ou tout droit d'antichrèse et de nantissement pour dettes antérieures à la cessation des payements.

II. *Nullités de l'art. 447.* — Ce ne sont plus des nullités de plein droit. Elles ne peuvent être prononcées que si le tiers qui a contracté avec le failli avait connaissance de la cessation des payements. Et comme on ne peut connaître cette cessation que quand elle a eu lieu, les nullités qui nous occupent ne peuvent frapper que les actes faits depuis le jour de la cessation des payements et jamais les actes faits pendant les dix jours précédents. — Quant aux actes atteints par cette nullité, la loi ne les énumère pas. Ce sont tous les actes à titre onéreux préjudiciables à la masse. Les tribunaux ont un pouvoir discrétionnaire et absolu pour prononcer la nullité de l'acte, lors même qu'il est prouvé que le tiers connaissait la cessation des payements. Les actes faits avant le jour de la cessation des payements restent sous l'empire du droit commun et peuvent être attaqués par les créanciers en vertu de l'art. 1167 du C. N. — Mais cette distinction n'a de sens qu'autant que l'art. 1167 du C. N. diffère de l'art. 447 du C. de commerce. Nous croyons qu'il existe en effet plusieurs différences entre ces articles. — D'après l'art. 1167, pour faire annuler un acte frauduleux, il faut prouver que le tiers connaissait l'insolvabilité du débiteur. D'après l'art. 447 C. de commerce, il suffit de prouver que le tiers connaissait la cessation des payements, ce qui est très-différent. — L'action Paulienne de l'art. 1167 ne peut être exercée contre le payement d'une dette échue. Il en est autrement de l'action fondée sur notre art. 447. Enfin nous avons vu que les créanciers qui ne pourraient exercer l'action Paulienne ne peuvent profiter de la révocation obtenue; la nullité prononcée dans le cas de l'art. 447 profite à la masse de la faillite.

L'art. 449 du C. de commerce présente une exception aux règles que nous venons d'exposer. Il décide
que le porteur d'une lettre de change ou d'un billet à
ordre est valablement payé jusqu'au jugement déclaratif, lors même qu'il aurait connaissance de la cessation des payements. La faillite n'aura pas de recours
contre le porteur qui a été payé, mais contre le tireur
de la lettre de change ou le premier endosseur du billet
à ordre. Ce sont ces derniers qui ont profité du payement, ce sont eux qui doivent restituer, si toutefois ils
connaissaient la cessation des payements au moment
de la création de la lettre de change ou de l'endosse-
ment du billet.

III. *Nullités de l'art. 448.* — Il faut, en matière de pri-
viléges et d'hypothèques, distinguer la constitution et
l'inscription. L'art. 448 permet en principe d'inscrire
jusqu'au jour du jugement déclaratif les droits d'hypothèque et de privilége valablement acquis. Mais il
ne faut pas, cependant, que le créancier attende trop
longtemps ; il aura pour se faire inscrire quinze jours,
plus un jour par cinq myriamètres de distance entre le
lieu où le droit a été acquis et le lieu où l'inscription
sera prise. Si le créancier s'inscrit après ces délais, les
juges ont un pouvoir discrétionnaire pour valider ou
non son inscription. Ils n'ont pas besoin pour l'annuler
de constater chez le créancier la connaissance de la
cessation des payements comme dans les cas de
l'art. 447. — Il faut dès lors, dans ce 5° cas comme
dans le premier, remonter au 10° jour avant la cessation des payements.

POSITIONS.

DROIT ROMAIN.

I. Les payements de dettes échues faits par le débiteur en fraude des créanciers antérieurement à l'envoi en possession ne pouvaient jamais être révoqués.

II. Le délai d'un an accordé aux créanciers pour exercer l'action Paulienne commence à courir le jour de la vente des biens du débiteur *fraudator*.

III. La restitution des fruits par le défendeur à l'action Paulienne n'était pas réglée de la même manière par tous les jurisconsultes.

IV. On ne saurait soutenir avec Doneau que le § 6 du titre des Instituts, *de Actionibus*, s'occupe d'une action hypothécaire accordée aux créanciers pour faire révoquer les aliénations faites par le débiteur postérieurement à l'envoi en possession.

V. Le défendeur à la revendication qui ne possédait pas au temps de la *litis contestatio*, mais qui possédait au moment du jugement, devait être condamné.

———————— ⸿

DROIT FRANÇAIS.

I. Le simple préjudice ne peut autoriser un créancier à demander la révocation d'un acte à titre gratuit fait par son débiteur.

II. Les sous-acquéreurs sont soumis aux mêmes principes que les acquéreurs primitifs.

III. Les créanciers postérieurs à un acte ne peuvent, ni en demander la révocation, ni profiter de la révocation obtenue par des créanciers antérieurs.

IV. L'art. 2225 du Code Napoléon est une application du droit commun.

V. La renonciation à l'usufruit légal ne peut être révoquée quand elle est la conséquence de l'émancipation.

————————

DROIT ADMINISTRATIF.

I. La loi du 3 mai 1841 n'est pas modifiée par la loi du 23 mars 1855.

DROIT COMMERCIAL.

I. L'art. 638 du Code de commerce est app   able aux billets souscrits par un mineur co ner-çant.

DROIT CRIMINEL.

I. Le tribunal d'appel, saisi sur l'appel *à minima* du ministère public, peut acquitter le prévenu, quoiqu'il n'ait pas lui-même appelé du jugement qui l'a condamné.

II. L'homme qui en tue un autre sur sa demande peut être condamné comme coupable d'homicide volontaire.

HISTOIRE DU DROIT.

I. Après les invasions barbares, chacun était soumis au droit de sa nation et non à celui qu'il pouvait choisir.

II. Les fiefs sont nés des habitudes de clientèle militaire pratiquées chez les Germains.

Vu par le président de la thèse,

VUATRIN.

Vu par le doyen de la Faculté,

C. A. PELLAT.

Vu et permis d'imprimer,
Le vice recteur,
A. MOURIER

Paris. — E. DONNAUD, imprimeur de la Cour impériale et des tribunaux rue Cassette, 9.

www.ingramcontent.com/pod-product-compliance
Lightning Source LLC
Chambersburg PA
CBHW071523200326
41519CB00019B/6043